D1881524

प्राणवायु

पर्यावरण को समर्पित श्रेष्ठ मलयालम कहानियाँ

प्राणवायु

पर्यावरण को समर्पित श्रेष्ठ मलयालम कहानियाँ

अम्बिकासुतन मान्गाड

अनुवाद
डॉ. सुमा एस.

वाणी प्रकाशन

वाणी प्रकाशन

4695, 21-ए, दरियागंज, नयी दिल्ली 110 002

फ़ोन : +91 11 23273167 फ़ैक्स : +91 11 23275710

शाखाएँ

अशोक राजपथ, पटना 800 004, बिहार

कॉफ़ी हाउस कैम्पस, महात्मा गांधी मार्ग, इलाहाबाद 211 001, उत्तर प्रदेश

महात्मा गांधी अन्तरराष्ट्रीय हिन्दी विश्वविद्यालय, वर्धा 442 001, महाराष्ट्र

सुल्तानिया रोड, मोतिया पार्क, भोपाल 462 001, मध्य प्रदेश

www.vaniprakashan.com
marketing@vaniprakashan.in
sales@vaniprakashan.in

Pranvayu
by Ambikasutan Mangad
Translated by Dr. Suma S.

ISBN : 978-93-5518-045-2
Collection of Stories

© अनुवादक

प्रथम संस्करण 2021

मूल्य : ₹ 395

इस पुस्तक के किसी भी अंश को किसी भी माध्यम में प्रयोग
करने के लिए प्रकाशक से लिखित अनुमति लेना अनिवार्य है।

आर. टेक ऑफ़सेट प्रिंटर्स, दिल्ली-110032 में मुद्रित

वाणी प्रकाशन का लोगो मक़बूल फ़िदा हुसेन की कूची से

अनुक्रम

पुरोवाक्

अर्थ को अक्षुण्ण रखते हुए अन्य भाषा में अन्तरण करने वाला अनुवाद अपने–आप में एक दुष्कर कार्य है। यह भी कहा जा सकता है कि कभी–कभी यह मूल रचना से ज़्यादा कठिन कार्य होता है। अनुवाद मेरे लिए पसन्दीदा कार्य है और वह भी मलयालम के एक क्रान्तदर्शी कथाकार की रचनाओं के अनुवाद के ज़रिये हिन्दी भाषा–भाषियों को परिचित कराना मैंने अपना कर्तव्य भी माना।

उत्तराधुनिक मलयालम कथा साहित्य में प्रमुख हस्ताक्षर हैं श्री अम्बिकासुतन मान्गाड। उनका जन्म 8 अक्टूबर 1962 को केरल के कासरगोड ज़िले में हुआ था। जन्तु शास्त्र में डिग्री लेने के बाद उन्होंने मलयालम साहित्य में एम.ए., एम.फिल. और फिर पीएच.डी. की उपाधि हासिल की। फिर कासरगोड नेहरू कॉलेज के मलयालम विभाग के अध्यापक रहे।

कहानी लेखन को सामाजिक प्रतिरोध और सुरक्षा का मज़बूत क़िला मानने वाले कथाकार हैं अम्बिकासुतन मान्गाड। स्थान, समय और इतिहास की गहन चर्चा उनकी कहानियों को समकालीन कहानियों से अलग करती है। अम्बिकासुतन जी की कहानियाँ उस दुनिया और परम्पराओं के निशान बनकर हमारे सामने आती हैं जिनमें हम रहते आये हैं। संक्षेप में कहें तो आधुनिक विश्व दृष्टि से एक प्रस्थान इन रचनाओं में नज़र आता है। साथ–साथ भावपरक और कल्पनापरक नवीनता भी उनकी रचना शैली को अनूठा बनाती है।

प्रस्तुत पुस्तक में 1987 से लेकर 2014 के बीच लिखी गयी 16 कहानियों का अनुवाद संकलित है। उन कहानियों पर एक विहंगम दृष्टि डालना कहानीकार की रचना शैली से परिचित होने के लिए उचित रहेगा।

'सीतायन' कहानी एक दृष्टि से रामायण का पुनःपाठ है। यहाँ विषय है बच्चों का खेल। कुंजूंडन अपने साथियों के सामने कुडुम्बजपुराणम नामक एक नया खेल रखता है। इस कहानी में रामायण के राम–सीता का कोई सीधा सन्दर्भ नहीं है। पर आधुनिक परिवार के गठन और कामकाज सम्बन्धी नया सबक इस खेल से हमें मिलता है। हम सब जानते हैं कि बच्चे घर के माध्यम से समाज में अपने विभिन्न पदों को स्थापित करने के लिए दृढ़ संकल्पित हैं। इसके द्वारा ही एक प्रकार से बच्चों को सामान्य ज्ञान की प्राप्ति होती है। खेल में कुंजूंडन नामक गृह स्वामी को अपनी पत्नी सुशीला के चरित्र पर सन्देह है। डाकिया की भूमिका निभाने वाले उलकनाथन के साथ सुशीला का कोई सम्बन्ध है, यह आरोप लगाकर वह सुशीला को लात मारता है जो वास्तव में खेल का भाग नहीं है। लात खाकर गिर पड़ी सुशीला की परवाह किये बिना कुंजूंडन खेल समाप्त कर चला जाता है। खेल के ब्रेक के दौरान उलकनाथन द्वारा सुशीला को लात मारने के बारे में पूछे जाने पर कुंजूंडन का जवाब इस तरह था कि दुनिया का उसूल है कि पत्नी है तो मार खानी पड़ेगी, भूखा सोना पड़ेगा। खेल के ब्रेक के बाद असहनीय पीड़ा से कराहने वाली सुशीला को कुंजूंडन फिर लात मारता है जिससे वह पानी के गहरे गड्ढे में गिरकर डूब जाती है। उसे बचाने में असमर्थ होकर उलकनाथन भाग गया। वह आज भी भाग रहा है–कहकर कहानी ख़त्म होती है। रामायण में दुनिया का उद्धारकर्ता होने के बावजूद राम सीता को बचा नहीं सके, सीता धरती में समा जाती हैं। यहाँ भी उलकनाथन (उसका नाम जान–बूझकर कहानीकार ने ऐसा रखा है) सुशीला को बचा नहीं पाया। आक्रामकता का एक नया पारिवारिक इतिहास यहाँ दृष्टिगत होता है। सीता के समय से लेकर आज तक स्त्री की यही नियति है, उसकी रक्षा करने कोई उलकनाथन नहीं आता।

अम्बिकासुतन जी की कहानियों में उत्तर मलाबार के थेय्यम कलारूप की प्रमुख भूमिका है जो वहाँ के लोगों के जीवन के भौतिक और मानसिक संसार को नियन्त्रित करता है। जाति, धर्म, अधिकार सम्बन्ध, आर्थिक व्यवस्था, आचार अनुष्ठान, लिंग, विचारधारा जैसे सभी क्षेत्रों में थेय्यम कलारूप और मनुष्य के बीच का सम्बन्ध व्याप्त है। लोगों के विश्वास, कल्पना और स्मृति से प्रत्येक थेय्यम का जन्म होता है। प्रस्तुत पुस्तक में संकलित 'थेय्यम' कहानी पूर्ण रूप से थेय्यम पर आधारित है।

हर ज़माने में और हर समय में महिलाओं का जीवन पुरुषों के जीवन के सामान्य तर्क से अलग रहा है। यहाँ सुशीला (सीतायानाम) से लेकर जुमैला तक का जीवन इसका प्रमाण है। कहानीकार की रचनाएँ महिलाओं के जीवन के भौतिक और मानसिक दुनिया का अनुसरण करने और सूक्ष्म वास्तविकताओं को उजागर करने में सक्षम हैं। ये कहानियाँ सामन्ती सातत्य के पुरुष वर्चस्व और आधुनिक विश्व चेतना के बारे में हैं जिन पर आजकल कई सवाल उठाये जा रहे हैं। अम्बिकासुतन जी की कहानियों की कई महिला पात्र ऐसी हैं जो अपनी विरासत से ऊर्जा ग्रहण करती हैं और पुरुष की दुनिया पार कर आगे निकल पड़ती हैं। जुमैला और लोपामुद्रा (मुक्ति) को अपनी ज़िन्दगी में बहुत अपमान सहना पड़ा था। अगर जुमैला को लगातार प्रताड़ित किया जाता है तो लोपामुद्रा चैनल व कैमरा की आँखों से बार–बार अपमानित होती है। अन्त में कैमरे की नज़रों से बचने के लिए वह आत्महत्या करने की कोशिश करती है। उसकी आत्महत्या का live टेलीकास्ट करने के लिए कैमरा के साथ आने वाले चैनल वालों के सामने ख़ून से लथपथ लोपामुद्रा को दिखाकर कहानी ख़त्म होती है। ज़िन्दगी में सभी बातों को बाज़ारू दृष्टि से देखने वाले नये संवेदनहीन संसार पर सीधी चोट करने वाली है 'मुक्ति' कहानी। नयी दृश्य संस्कृति की नैतिकता के बारे में इसमें प्रश्न उठाया गया है। आज वक़्त ऐसा आ गया है कि एक लड़की का जीवन हर पल कैमरा के लिए एक नज़ारा बन चुका है। वर्तमान विश्व दृष्टि जो झूठी वास्तविकता में बदल चुकी है तो वही दृश्य माध्यमों में प्रसारित होगी क्योंकि उसी की माँग ज़्यादा है। यही बाज़ारीकरण है। दूसरी ओर यह वर्तमान समय की कला की एक प्रकृति भी है जहाँ वास्तविक दुनिया और काल्पनिक दुनिया के बीच भेद ग़ायब हो रहे हैं। पुरुष प्रभुत्व और पुरुष वर्चस्व की इस दुनिया का स्वागत करने के लिए टेलीविज़न और इंटरनेट बिना किसी प्रतिरोध के तैयार खड़े हैं। यह कहानी उत्तर आधुनिक युग पर सूक्ष्म रूप से सवाल भी उठाती है जहाँ कैमरे की दुनिया आक्रामकता की दुनिया बनती जा रही है।

अम्बिकासुतन जी की कहानियाँ उत्तर आधुनिकता का जश्न नहीं मनातीं। उनकी कहानियाँ आधुनिक काल की विसंगतियों की सबसे बड़ी समस्यात्मक और आलोचनात्मक टिप्पणी हैं। इनमें मिट्टी या स्त्री के प्रति

कथाकार की भावना रोमांटिक विचारों से विकसित नहीं होती। उनकी कहानियों में कोई भी ऐसी महिला या मिट्टी नहीं है जो किसी पुरुष द्वारा वश में किये जाने या उर्वर हो जाने की प्रतीक्षा कर रही हो। उनकी कहानियों में भूमि, मिट्टी या स्थान शब्दों का तात्पर्य है मनुष्य सहित सभी प्राणियों के साथ सह–अस्तित्व में कायम प्रकृति।

'जलशायी', 'वासुदेव अय्यर की यह भूमि' जैसी उनकी प्रारम्भिक कहानियाँ पृथ्वी, मिट्टी, पेड़–पौधे, बचपन की यादें जैसे मनुष्य जीवन के नास्टेलजिया को बाहर लाने वाली हैं। 'मंडूकोपनिषद', 'गुर्दे की क़ीमत', 'विष वैद्य', 'भगवान का अपना देश', 'कछुए की ज़िन्दगानी', 'प्राणवायु' जैसी कहानियों में एक विशेष पारिस्थितिक सजगता दृष्टव्य है। पर यह सजगता राष्ट्रीय आधुनिकता के पारिस्थितिक ताने–बाने के बारे में नहीं, बल्कि पर्यावरण जागरूकता के स्थानीय अनुभव पर आधारित है। 'मंडूकोपनिषद' कहानी पर्यावरण जागरूकता के बौद्ध दर्शन को सामने रखती है। इन कहानियों का जन्म इस नग्न और विकृत सत्य से हुआ है कि दस हज़ार वर्षों से प्रकृति में मौजूद पहाड़ और टीले कुछ ही घण्टों में ग़ायब हो जाते हैं। 'भगवान का अपना देश' स्थानीय जीवन के सांस्कृतिक नुक़सान और पर्यटन उद्योग से जुड़ी हुई प्रणालियों के बारे में कहती है। इस कहानी में पर्यटन एक टूल बन जाता है जिसकी आड़ में एक पति अपनी पत्नी के शरीर का व्यापार करता है। सार्वजनिक पर्यटन नीति से होने वाले नुक़सानों की ओर भी कहानी में संकेत है जिनकी भरपाई कभी नहीं की जा सकती है।

वनों की कटाई से बने काजू बाग, उनको बचाने के लिए बरसने वाली दवाई, उन दवाइयों के दुष्परिणाम भुगतने वाली ग़रीब जनता और उनकी नवजात सन्तानों तथा उन अर्धप्राण बच्चों के गुर्दों की बाज़ारू क़ीमत आदि के बारे में बताने वाली कहानी है 'गुर्दे की क़ीमत'। यह कल्पना से गढ़ी कहानी नहीं बल्कि एक प्रदेश की जीवनगाथा है।

'कछुए की ज़िन्दगानी' एक ऐसी कहानी है जो पाठकों के मन में सतर्कता, सटीकता और यादगार अनुभव पैदा करने में सक्षम है जो ग्लोबल वार्मिंग पर आधारित है। कहानी कछुओं के जीवन और प्रजनन स्थितियों की वास्तविकताओं को उजागर करने के साथ–साथ कछुओं के वंश नाश सम्बन्धी भीषण पारिस्थितिक विनाश की ओर भी संकेत करती है।

कहानी केवल अनुभव ही नहीं बल्कि एक भविष्यवाणी भी है। एक रचना तब अमर हो जाती है जब लेखक भविष्यवक्ता बन जाता है। ऐसी ही एक कहानी है 'प्राणवायु' जो इस संकलन की अन्तिम कहानी है और पुस्तक का नाम भी। प्राणवायु केवल कहानी नहीं, एक भविष्यवाणी भी है। आज इस कोरोना काल में हमारा देश और जनता प्राणवायु के लिए भागमभाग कर रहे हैं, प्राणवायु के बिना लोग जब मरते हैं तो अम्बिकासुतन जी की यह कहानी फिर से प्रासंगिक हो जाती है जिसे उन्होंने 2015 में लिखा था। यह ऑक्सीजन के लिए क़तारबद्ध होकर खड़े लोगों की गालियों से प्रेरणा पाकर लिखी गयी कहानी नहीं नहीं है। अम्बिकासुतन की क्रान्तदर्शिता ने भविष्य में आने वाले ख़तरे को देखकर लिखी है कहानी। ऑक्सीजन सिलिंडर के लिए क़तार में खड़े मनुष्यों को इस कहानी में दर्शाया गया है। ऑक्सीजन के लिए परिवार के भीतर होने वाले चुनाव में किसी एक सदस्य की आत्महत्या पारिवारिक बजट बन जाती है। अन्त में कथाकार भारतीय परिवार के माँ और बाप जैसे सत्य को परे हटाकर mitigation जैसे सत्य को परम सत्य के रूप में हमारे सामने रखते हैं। यही कहानी की भविष्यवाणी है।

अम्बिकासुतन जी की कहानियाँ वर्णनात्मक अलंकरण के बिना आवास से सम्बन्धित अनुभव की दुनिया को दर्शाती हैं। ये कहानियाँ जीवन की वास्तविकताओं के प्रत्यक्ष प्रमाण हैं। मानव जीवन को बिना किसी सजावट के, बिना किसी भाषापरक अतिशयोक्ति या अलंकरण के, बिना किसी मसाले के कहानी में सजाया गया है।

अम्बिकासुतन जी की कहानियों ने मुझे काफी प्रभावित किया है। अनुवाद करने के लिए उनकी कहानियों को चुनने का कारण भी यही था। समाज में जागरूकता पैदा करने के लिए साहित्य को एक मज़बूत माध्यम के रूप में विकसित करने का प्रयास वे कर रहे हैं। अम्बिकासुतन जी ने अपनी कहानियों का अनुवाद करने की अनुमति मुझे दी है, इसे मैं अपना सौभाग्य मानती हूँ और उनके प्रति आभार व्यक्त करती हूँ। इस अनुवाद को एक पुस्तक रूप देने में मददगार बने वाणी प्रकाशन, नयी दिल्ली के प्रति भी मैं अपनी कृतज्ञता व्यक्त करती हूँ। आभारी हूँ मेरे माता–पिता और गुरुजनों के प्रति जिनका आशीर्वाद एक साया बनकर हमेशा मेरे साथ रहा। सबसे बढ़कर अपने पति और बच्चों के प्रति कृतज्ञता व्यक्त

करती हूँ जिनका साथ और सहयोग हर पल और हमेशा मेरी ताक़त रही। सहृदय और सजग पाठकों से अनुरोध है कि वे अपना सुझाव देकर मुझे अनुगृहीत करें।

अम्बिकासुतन माङाड की प्रमुख कृतियाँ

उपन्यास : *एन्मकजे, माक्कं एन्ना पेन थेय्यम, मरक्काप्पिले तेय्यंगल, रंडु मुद्रा* (उपन्यासिका)

कहानियाँ : *चुनी हुई कहानियाँ, मेरी प्रिय कहानियाँ, वालिल्लाथा किंडी, रात्री, ओतेनन्टे वाळ, रंडु मल्स्यंगल*

आलोचना : *सी.पी. अच्युत मेनन और मलयालम आलोचना*

संस्मरण : *अख्यानावुम चिला स्त्रीकलुम, एन्डोसल्फान, निलाविलिकल अवसानिक्कुन्निल्ला*

यात्रा वृत्त : *योकोसो : जापान विशेशंगल*

पुरस्कार : *कथारंगम नावेल अवार्ड–2010–एन्मकजे, कारूर पुरस्कार, तुन्चन स्मारक पुरस्कार, अन्कनाम अवार्ड, इतल अवार्ड*

सीतायन

बारिश के थमते ही उलकनाथन बाहर निकला। उसने अपनी जेब से इमली का तला हुआ बीज निकालकर मुँह में डाला। हवा और बारिश से बाधित सड़कों से होकर 'फूल लेने आयेगा, आयेगा' गाने के बोल गुनगुनाते हुए वह चल रहा था। हरे–हरे पत्तों से सजी सड़कों ने उसका स्वागत किया। बाड़ पर सजे सुन्दर फूल सर हिलाने लगे। आम की गुठली से चिपके पड़े अनेक जोंक उसकी यात्रा देखते रहे।

तभी गलियारे के उस ओर उलकनाथन की उम्र की दो लड़कियाँ दिखाई पड़ीं। माणिक्यम और श्यामला। एक–दूसरे के गले में हाथ डालकर 'फूल लेने आयेगा, आयेगा' गाना गाते हुए, ठहाका लगाते हुए दोनों आ रही थीं।

जैसे कि कुछ याद आया हो, सहसा तीनों दूसरे गलियारे से होकर दौड़ लगाने लगे। 'कुलियन काव'* के पास पहुँचते ही तीनों की उम्मीदों को धता बताते हुए बड़ी मुस्कान के साथ कुंजूंडन वहीं पर खड़ा था। हवा और बारिश से ढहकर गिरे सारे आम उसने बटोर लिए थे। तेज़ बारिश और हवा की परवाह किये बिना कुंजूंडन आम बटोर रहा था, यह बात उलकनाथन समझ गया कुंजूंडन पूरी तरह भीग चुका था।

साधारण से विपरीत इस बार कुंजूंडन बटोरे गये आमों को दूसरों में बाँटने लगा। तब तक कुंजम्बू और सुशीला भी आ पहुँचे। उनको भी कई आम मिले। पके आमों को चूस–चूसकर खाते हुए कुंजूंडन ने कहा :

'आज हम एक नया खेल खेलें?'

---

* कुलियन काव–केरल में कुछ पेड़ों को देवता के रूप में पूजा जाता है। ऐसे पेड़ों के समूह वाली जगह है काव।

सब बच्चे विस्मित होकर देखने लगे। नया खेल? हैंडबॉल, छुपाछुपी, चोर–पुलिस, गिल्ली–डण्डा आदि खेल ही वे जानते थे। कुंजूंडन दुनिया की बहुत सारी बातें जानता है। अन्य बच्चों से दो–तीन साल बड़ा है वह। स्कूल भी नहीं जाता। चौराहे पर आने वाली गाड़ियों को साफ़ करने से जो भी पैसा मिलता है उसे सिनेमा और नाटक देखकर लुटाता है।

सहसा कुंजम्बू विजेता की तरह चिल्लाकर बोला–'मुझे मालूम है यह नया खेल क्या है...राजकुमार और मेमने...।'

पर एक उपहास भरी दृष्टि से कुंजूंडन उसकी ओर मुड़ा–'धत्... उल्लू...यह एक ऐसा खेल है जिसे अब तक किसी ने भी नहीं खेला होगा।'

'वह क्या खेल है कुंजूंडन?' सब बच्चों ने एक ही साँस में पूछा।

'कुटुम्ब पुराण', कुंजूंडन बोला।

बच्चे सब आश्चर्यचकित रह गये। इस तरह के किसी खेल के बारे में उन्होंने अब तक न सुना था। उनके मन में काफ़ी शंकाएँ थीं। पर किसी को जवाब दिये बिना कुंजूंडन एक राजा के गर्व के साथ उन सबको 'काव' के पीछे ले गया वहाँ एक बड़ी झोंपड़ी थी। केले और नारियल के पत्तों से बनाया गया एक प्लेहाउस। पहली नज़र में ही सबको वह झोंपड़ी अच्छी लगी। 'इस तेज़ हवा और बारिश में मैं यह घर बना रहा था', कुंजूंडन ने बड़े गर्व के साथ साथियों से कहा।

काले बादल छँट गये और सूरज की रोशनी निखर उठी। खेल का पूरा विवरण कुंजूंडन ने दिया। उसने जो–जो सिनेमा–नाटक आदि देखे थे उनके दृश्य उसकी कल्पना में रंग भरने लगे थे। खेल में गृहस्वामी की भूमिका निभाने का ज़िम्मा उसने ख़ुद उठाया। गृहस्वामिनी बनने के लिए सुशीला, माणिक्यम और श्यामला तीनों मैं–मैं कहते हुए आगे आयीं। उनमें सबसे होनहार सुशीला को कुंजूंडन ने गृहस्वामिनी की भूमिका निभाने के लिए चुना।

'तो हम?' बाक़ी बच्चे पूछने लगे।

'तुम सब इस घर के बच्चे हो' कुंजूंडन ने कहा–कुंजम्बू और श्यामला तुम दोनों।

यह सुनकर माणिक्यम मुँह फुलाकर खड़ी रही। उसे हमेशा यह शिकायत रही थी कि कुंजूंडन हमेशा उसे परे हटाता है। वह साँवले रंग

की है और दाँत उठे हुए हैं। माणिक्यम की परेशानी देखकर कुंजूंडन उसकी भूमिका के बारे में खड़ा सोचता रहा...फिर एक मुस्कान के साथ कहा–'तू...तू है मछुआरिन।'

माणिक्यम के सिवा सब बच्चे खिलखिलाकर हँसने लगे। माणिक्यम को काफ़ी दुःख हुआ...वह रोने लगी। कुंजूंडन उसे धमकाने लगा...'अरी कुतिया इक लात मार दूँगा तुझे। आज के खेल में तू मछुआरिन ही है।'

माणिक्यम चुप हो गयी। भलाई इसी में है कि कुंजूंडन का कहना मान ले। नहीं तो वह उसे खेल से ही हटा देगा।

जैसे कि पहले सोच रखा है कुंजूंडन ने, उलकनाथन को डाकिया की भूमिका दी। चिट्ठियों को करीने से सजाकर लोगों तक पहुँचाने से बढ़कर रसीला काम और क्या हो सकता है। उलकनाथन ख़ुशी से राज़ी हो गया।

कुंजूंडन ने कहीं से लायी गयी लम्बी कमीज़ पहनी। घुटनों तक फैली वह कमीज़ कई टाँकों से भरी हुई थी। शायद उसके मृत पिता की होगी। एक दुपट्टा अपनी कमीज़ के ऊपर डालकर सुशीला जल्दी से गृहस्वामिनी बनी। कई काग़ज़ात इकट्ठा करके उलकनाथन ने पर्याप्त चिट्ठियाँ बनायीं। माणिक्यम को 'काव' में किसी के द्वारा छोड़ी गयी फूल की टोकरी मिली। उसने उसे हरे पत्तों से भर दिया। फूल की टोकरी सर पर लिए जब वह आयी तो सब मछुआरिन–मछुआरिन बुलाकर ज़ोर से हँसने लगे। पर इस बार माणिक्यम नहीं रोयी, वह भी साथियों के साथ ज़ोर से हँसी।

घर बहुत सुन्दर था। सुशीला दाहिना पैर रखकर घर में घुस गयी। अन्दर दो–तीन लोगों के रहने की ही जगह थी। घर के अन्दर जो सामान थे उसने उन्हें करीने से रख दिया, तभी शराबी गृहस्वामी का प्रवेश हुआ।

कुंजूंडन सचमुच अच्छी अदाकारी कर रहा था। नशे में धुत् होकर वह आ रहा था। काँपते–काँपते, कभी गिरकर, घुटनों के बल रेंगकर, इधर–उधर पकड़कर उसने मंच पर प्रवेश किया। 'अरी ओ कहाँ है तू?'... उसने पत्नी को बुलाया।

अपना दुपट्टा ठीक करके सुशीला बरामदे में आयी। अब तक कुंजूंडन की कुशल अदाकारी देखकर वह विस्मित खड़ी थी। उसके द्वारा इस सफल अदाकारी में विघ्न न पहुँचे, उसने सोचा। मुँह पर नाराज़गी लाकर

सुशीला ने कहा–'शुरू हुई नौटंकी? अरे तुम्हें क्या चाहिए? हर दिन शराब पीकर नशे में धुत् होकर आते हो...दूसरों को तो...'

कुंजूंडन नशे की आवाज़ में बोला, 'अरी चुप, तू होती कौन है मुझसे सवाल–जवाब करने वाली? मैं शराब पिऊँगा, जुआ खेलूँगा...अगर मुझसे उल्टी–सीधी बातें करीं न...तो...चल खाना लगा...बड़ी भूख लगी है।'

पति की आवाज़ में आवाज़ मिलाते हुए तुरन्त सुशीला ने जवाब दिया, 'खाना? धत्, क्या ख़ाक ला रखा है यहाँ। अरे शैतान, सुबह–सुबह चावल लाने का वादा करके मेरे हाथ से पैसे लेकर गया था न?' रोती हुई वह बोली–'हे भगवान, अब मैं इन बच्चों को क्या खिलाऊँगी?'

वाक़ई सुशीला ने उलकनाथन को चौंका दिया। उसने सपने में भी नहीं सोचा था कि सुशीला गृहस्वामिनी की भूमिका इतनी अच्छी तरह निभायेगी। उलकनाथन इन नज़ारों का आनन्द ले रहा था कि अचानक कुंजूंडन उसकी तरफ़ लपककर आया। वह चिट्ठियाँ लेकर खड़ा था।

'कौन है रे तू?'

एकदम से यह प्रश्न सुनकर उलकनाथन का चेहरा जैसे पीला पड़ गया। थोड़ा सोचने पर उसे जवाब मिल गया।

'मैं डाकिया हूँ। इस इलाक़े में नया आया हूँ।'

तुरन्त ही कुंजूंडन ने पूछा–'तो तुझे मेरे घर में क्या काम?'

ऐसे सवाल की उम्मीद उलकनाथन को नहीं थी। थूक गटकते हुए कुछ कहने में असमर्थ वह चिन्तित खड़ा रहा। कोई जवाब ज़ुबान पर नहीं आ रहा था, तो सुशीला की आवाज़ सुनाई पड़ी–'उसको अंग्रेज़ी पढ़ना नहीं आता। मैं ही उसको चिट्ठियों का पता पढ़कर दे रही थी।' फिर अपने पति की ओर देखकर उसने कहा– 'बेचारा है, काफ़ी दूर है उसका गाँव।'

उलकनाथन ने ध्यान दिया कि सुशीला के होंठों पर मुस्कान फैल रही थी, शायद यह सोचकर कि उसने डायलॉग बहुत प्रभावशाली ढंग से बोला है। पर कुंजूंडन ने अपना गुरूर नहीं छोड़ा। चिल्लाते हुए वह सुशीला की ओर लपका।

'अरी कुतिया, यह क्या रास रचा रही है तू? बेचारा है बेचारा...तो उसे भी खिलाओ–पिलाओ। जब मैं यहाँ नहीं हूँ किसी भी ऐरे–गैरे को घर में बुला लेती है...रण्डी कहीं की।'

इस बार सुशीला निरुत्तर रह गयी। उसके कोमल मन पर चोट लगी थी।

मुँह लटकाकर वह गीली ज़मीन पर पैर की उँगलियों से कुछ निशान खींचती रही। तभी कुंजूंडन डाकिया पर टूट पड़ा–

'क्यों रे सूअर, घूर क्यों रहा है? चल भाग यहाँ से। आगे से अगर तू मेरे घर आया तो तेरे पाँव तोड़कर तलैया में फेंक दूँगा...चल फूट... हरामी कहीं का।'

उलकनाथन जल्दी ही वहाँ से निकल भागा। उसे शंका हुई कि कहीं खेल–खेल में बात गम्भीर तो नहीं हो रही? कुंजूंडन से वह काफ़ी डरता भी था।

गृहस्वामी और मालकिन के बीच झगड़ा होते समय माणिक्यम मछली लेकर दो–तीन बार उधर से गुज़री थी। उसने आवाज़ भी लगाई पर किसी ने उसकी तरफ़ ध्यान नहीं दिया। जब वह फिर आयी तो निरुत्तर खड़ी सुशीला को एक बात सूझी। उसने पूछा–'क्या मच्छी लायी री तू?'

'समन्दर की सारी मच्छी है टोकरी में मालकिन।' ख़ुशी के साथ माणिक्यम ने घर के सामने टोकरी उतारी। 'सोने की क़ीमत है मछलियों की। ये सब वहाँ अमेरिका से लायी गयी हैं न मालकिन।'

सुशीला मछली के टोकरे के पास आकर बैठ गयी। सहसा उसे खेल के बीते हुए सारे दृश्य एक–एक कर याद आने लगे। टोकरी में रखे पत्तों में मुख छुपाकर वह दिल खोलकर हँस पड़ी। जब उसने अपना चेहरा उठाया तो उसकी आँखें थोड़ी–सी गीली हो गयी थीं। उसे लगा कि दिल के अन्दर कुछ टूटकर बिखर गया है।

पर मछुआरिन इस बात पर विस्मित थी कि हँसते–हँसते सुशीला की आँखों में नमी क्यों आ गयी?

घर के पीछे के गड्ढे से पानी खींचकर कुंजम्बू और श्यामला सिंचाई कर रहे थे। एक लाठी लेकर कुंजूंडन उनके पास पहुँचा। 'क्यों रे आज स्कूल नहीं है क्या?'

'हड़ताल है' श्यामला ने जवाब दिया 'अध्यापकों की हड़ताल।'

'हड़ताल हो तो क्या? स्कूल में बैठकर पढ़ तो सकते हो न? मिट्टी से खेलने से पेट भरेगा क्या?' इतना पूछकर कुंजूंडन ने श्यामला की पिटाई कर दी। उसे थोड़ा दर्द हुआ। उठकर वह अपना आसन सहलाने लगी। लाठी लेकर जब कुंजूंडन कुंजम्बू के पास गया तो वह उसे ठेंगा दिखाकर भाग गया।

कुंजूंडन का ग़ुस्सा दुगुना हो गया। दौड़कर उसने कुंजम्बू को पकड़ने की कोशिश की। श्यामला पर भी ग़ुस्सा आया। सुशीला के पीछे छिपकर खड़ी श्यामला को उसने मारने की कोशिश की तो सुशीला आड़े आ गयी।

'तुम्हें क्या हुआ है, शराब पीकर क्या पागलपन दिखा रहे हो?'

'सामने से हट, रण्डी कहीं की...' कुंजूंडन ने सुशीला को ज़ोर से थप्पड़ लगाया। जब उसने रोकने की कोशिश की तो फिर से मारने लगा। तब सुशीला चिल्लायी–'मुझे मारोगे तो...'

'क्या करेगी तू...हाँ...बता क्या करेगी अगर मारूँ तो? फाँसी पर लटकायेगी?'

उलकनाथन घबरा गया। मज़ाक़–मज़ाक़ में बात का बतंगड़ होता जा रहा था। जब बात हद से ज़्यादा बढ़ी तो सुशीला ने भी कुंजूंडन के गाल पर एक थप्पड़ जड़ दिया। उसका गाल लाल हो गया। उसने बड़े जोश से सुशीला के पेट पर लात मार दी। अपने पेट को दबाकर रोती हुई सुशीला नीचे गिर पड़ी।

ग़ुस्से से तिलमिलाते हुए कुंजूंडन बोला–'किसी ऐरे–गैरे को घर पर बुलायेगी तू...गला घोंट दूँगा तेरा। मार–मारकर टुकड़े–टुकड़े कर दूँगा तेरे।'

सुशीला नहीं उठी। पेट दबाकर रोती रही। उलकनाथन की समझ में नहीं आया कि यह खेल है या असलियत। पर उसे दुःख ज़रूर हुआ। जब कुंजूंडन समझ गया कि खेल जारी रखने का अब कोई रास्ता नहीं, वह दूर हटकर खड़े उलकनाथन की तरफ़ चला। 'कैसा लगा नया खेल?' इस प्रश्न के साथ वह हँसने लगा।

'बहुत बढ़िया रहा कुंजूंडन...' उलकनाथन को कहना पड़ा। पर उसे कुछ अजीब–सा लग रहा था। माणिक्यम और श्यामला कब का खेल छोड़कर झूले में झूल रही थीं। एक–दूसरे के गले में हाथ डालकर 'फूल लेने आयेगा, आयेगा...' गाते हुए वे दोनों झूले में झूलती जा रही थीं।

कुंजूंडन और उलकनाथन तालाब के किनारे की ओर चल पड़े। उलकनाथन ने फिर से कहा, 'नया खेल बड़ा रसीला था कुंजूंडन। पर तेरी लात सुशीला को काफ़ी ज़ोर की लगी है। अगर वह घर जाकर बता दे तो?'

एक रहस्यमयी मुस्कान के साथ कुंजूंडन मुड़कर खड़ा हो गया, 'वह सब उसका अभिनय है। तू नहीं समझेगा। बड़ी चीमड़ है वह। खेल ख़त्म होने के बाद भी पेट दबाकर अभिनय कर रही थी न।' थोड़ा रुककर कुंजूंडन गम्भीर होकर बोला, 'फिर क्या, घरवाली है न...तो भूखी रहना है और लात–मार सहनी है। यह सब दुनियादारी की बातें हैं न।'

कुंजूंडन की बातें उलकनाथन की समझ में नहीं आयीं। पर वह उसका विरोध न कर सका। भले ही स्कूल न जाता हो पर कुंजूंडन सब कुछ जानता था। पुस्तक लेकर स्कूल जाने वाले बच्चों को ईर्ष्या से निहारते कुंजूंडन को उलकनाथन ने कई बार देखा है। एक दिन उसने उलकनाथन को हाथ से इशारा कर बुलाया था। बिना किसी शर्म के कुंजूंडन ने पूछा–'तू क्यों उस लड़की के पीछे सूँघ–सूँघकर चलता है रे उलकनाथन?'

चकित होकर उलकनाथन ने पूछा–'किसके?'

'उस सुशीला के। क्या तुझे उससे मुहब्बत है?'

मारे शर्म के उलकनाथन पसीना–पसीना हो गया था। फिर कुछ दिन वह सुशीला की तरफ़ देख भी न सका। अगर सुशीला को इस सब के बारे में मालूम हो जाय तो?

तालाब के किनारे बैठकर उन्होंने बचे हुए बाक़ी आम भी खा लिए। फिर काफ़ी देर तक दोनों तैरे। नहाने के बाद गोधूलि की रोशनी से प्रकाशित गलियों से होकर आते वक़्त देखे गये सिनेमाओं के अजूबे संसार के बारे में कुंजूंडन उलकनाथन को बता रहा था। विस्मय से मुँह खोलकर सब कुछ सुनता हुआ उलकनाथन उसके पीछे चल रहा था।

कुलियन काव के निकट पहुँचते ही कुछ आहट सुनकर दोनों ठिठक गये। कोई पीड़ा से कराह रहा था। दोनों जल्दी से काव के पास पहुँचे। उलकनाथन का कलेजा ज़ोर से धड़का। हे भगवान...

प्ले हाउस के अन्दर कोई रो रहा था। वही हुआ जिसका उलकनाथन को डर था।

सुशीला पेट दबाकर तब भी ज़मीन पर गिरी पड़ी थी। उलकनाथन को लगा कि जैसे उसके हाथ–पैर की पूरी ताक़त खोती जा रही है। उसको देखते ही सुशीला फूट–फूटकर रो पड़ी। 'दर्द बर्दाश्त नहीं होता उलका...मैं अब मर जाऊँगी।'

उसने उठने का एक विफल प्रयास भी किया पर उठ न पायी। उलकनाथन जैसे ही सुशीला को थामकर बिठाने वाला था कि कुंजूंडन खेल–स्थल पर आ पहुँचा। उलकनाथन अचम्भे से देखता रह गया। हाथ में मोड़कर रखी वह लम्बी कमीज़ कुंजूंडन ने फिर से पहनी और तुरन्त वह गृहस्वामी बन गया। खेल का बाक़ी भाग उसने तुरन्त शुरू किया।

'अरी कमीनी उठ...इस तरह रोने के लिए यहाँ तेरा कोई मर गया है क्या? रोते–रोते तू उस डाकिया को बहकायेगी?....कुतिया कहीं की।'

उलकनाथन का यह वहम था कि कुंजूंडन उसे थामकर उठायेगा, पर ऐसा नहीं हुआ। कुंजूंडन सुशीला के और निकट पहुँचा। ग़ुस्से में सुशीला ने उसे धक्का दे दिया। उलकनाथन हक्का–बक्का खड़ा था कि कुंजूंडन उस पर झपट पड़ा, 'अरे सूअर, तू फिर आया...भाग जा यहाँ से नहीं तो...'

उलकनाथन वहाँ से हट गया। उसकी समझ में नहीं आया ये सब क्या हो रहा है। कुंजूंडन पर जैसे शैतान सवार हो गया था...ग़ुस्से में वह काफ़ी अनाप–शनाप बक रहा था। उलकनाथन कुछ समझ नहीं पाया। वह सुन न सका, उसके कान तक बन्द हो चुके थे।

क्रूर चेहरे के साथ कुंजूंडन सुशीला के निकट पहुँचा। उसने उसे उठाकर कच्ची दीवार से सटाकर खड़ा कर दिया और पैर उठाकर ज़ोर से उसके पेट पर एक लात मारी। दीवार के साथ सुशीला को बाहर गिरते हुए उलकनाथन ने देखा। इससे पहले कि वह सुशीला को पकड़ पाता कि वह पास के पानी के गहरे गड्ढे में गिर गयी।

चिल्लाती हुई वह डूबकर उभरी...चूड़ियों से भरी वे बाँहें फिर से उठीं...फिर धीरे–धीरे वह उस पानी में डूब गयी।

एक जंगली हँसी के साथ कुंजूंडन उलकनाथन की तरफ़ मुड़ा। घबराया हुआ उलकनाथन ज़ोर–ज़ोर से चिल्लाते हुए भागने लगा। उसे रास्ते का भी पता नहीं था। वह जितना भाग सकता था भागा। हर मोड़ पर उसने वह जंगली हँसी सुनी और गहरे पानी में डूबते जाने वाली बाँहों को देखा। वह चिल्लाता रहा। घबराया हुआ वह अब भी भाग रहा है।

झमाझम बारिश में एक जुमैला

जुमैला भागती रही, गले से निकलने वाली चीख़ गले में ही अटक गयी। गहन अन्धकार रूपी ऊनी कम्बल ओढ़े उन वीथियों से होकर वह भागी जा रही थी।

आसमान से आँसू की तरह बरसने वाली बूँदाबाँदी सड़क को गीला कर रही थी, उस गीली सड़क से होकर वह दौड़ती जा रही थी, हाँफती, हाँफती...दाहिने हाथ से वह अपने घाघरे को पकड़ती कि ठोकर खाकर गिर न पड़े....मारे डर के वह बार–बार पीछे मुड़कर देख रही थी। सड़क पर कोई नहीं था। वह पूरी तरह भीग चुकी थी। दो बार फिसलकर गिरी भी जिसकी वजह से बदन पूरा मैला हो गया था। पर वह इन सबसे अनजान थी। बस किसी भी तरह भाग जाना चाहती थी।

हाईवे तक पहुँचते–पहुँचते उसे लगा कि अभी दम घुट जायेगा। हाईवे रोड भी सुनसान था। कोई गाड़ी भी दिखाई नहीं दे रही थी। उसने पीछे मुड़कर देखा कि कहीं लोग उसका पीछा तो नहीं कर रहे हैं? वह कभी भी पकड़ी जा सकती थी। दिल ही दिल प्रार्थना की–या रब्बा, तू ही बख़्श दे।

गाड़ी की आवाज़ सुनकर जुमैला ने आँखें खोलीं। सड़क पर रोशनी फैल गयी। उस बूँदाबाँदी में लगा कि कोई गाड़ी आ रही है। उसने सड़क पर खड़े होकर दोनों हाथों को ऊपर उठाकर लिफ्ट देने की विनती की। मन में यह चिन्ता भी थी कि कहीं वह किसी दूसरी विपत्ति की ओर तो नहीं जा रही। वह गाड़ी आगे बढ़ रही थी कि सहसा मानो किसी पुनर्विचार में, अचानक ब्रेक लगाकर रुकी, फिर पीछे आने लगी। जुमैला का भय बढ़ने लगा।

कार का काला शीश जब नीचे किया गया तो जुमैला ने गाड़ी चलाने वाले को देखा। क़रीब चालीस साल का, लम्बी मूँछों वाला, बड़ा गोल चश्मा पहने एक आदमी। पहली नज़र में वह अच्छा आदमी नहीं लग रहा था। उसके मुँह से आ रही शराब की तीक्ष्ण गन्ध जुमैला के विचार की पुष्टि कर रही थी।

पर इस तरह अकेले सड़क पर खड़े रहना भी ख़तरे से ख़ाली नहीं है, जुमैला ने सोचा। बिना कुछ सोचे वह गाड़ी के अन्दर घुसकर बैठ गयी।

जैसे ही गाड़ी आगे बढ़ी, खिड़की का शीशा ऊपर उठा तो जुमैला के दिल की हैरानी भय में बदलने लगी। वह तिरछी नज़र से उसको देखती रही।

गाड़ी जब पहले मोड़ पर पहुँची तो चश्मे वाले ने उसे देखे बिना ही पूछा–'कहाँ उतरना है?'

जुमैला ने कुछ नहीं कहा।

उसने जोड़ा–'कल हड़ताल है, इसीलिए सड़क पर कोई गाड़ी नहीं है।'

तब भी कोई जवाब नहीं मिला तो उसने गाड़ी रोकी और जुमैला के चेहरे को देखा, उसकी परेशानी देखकर गम्भीर होकर पूछा–'तुम्हारा नाम क्या है?'

उसने अपना नाम बताया।

वह हँसने लगा–'जुमैला, अच्छा नाम है...मैं शिवदास। क्लब में एक पार्टी थी। दो लार्ज पिये। तभी तो इतनी देर हो गयी।' फिर ठहाका लगाते हुए जोड़ दिया कि 'तुम्हारी क़िस्मत अच्छी थी, अगर शराब न पी होती तो गाड़ी नहीं रोकता मैं।' जब वह हँसता था तो उसका शरीर इतना हिलता था जैसे कोई दौरा पड़ गया हो।

जुमैला और डर गयी। गाड़ी की रफ़्तार कम होते ही कूदकर कहीं भाग जाय...उसने सोचा। दो मोड़ों के बाद गाड़ी सीधी सड़क पर पहुँची। बारिश भी थम गयी थी। वाइपर ऑफ़ करके शिवदास ने पूछा–'एम.जी. रोड आ गया है तुम्हें कहाँ उतरना है?' कोई जवाब न मिलने पर शिवदास ने उसे घूर कर देखा। जुमैला फूट–फूटकर रोने लगी। शिवदास का जैसे शराब का नशा उतर गया, उसने गाड़ी रोक ली। आँखें खोलकर उसने जुमैला को देखा।

दस–बारह साल की छोटी लड़की थी वह। उसका निचला होंठ फटा हुआ है, जिससे ख़ून बह रहा था। हथेलियों पर भी ख़ून के निशान थे।

'तू कहीं गिर गयी थी क्या? ख़ून बह रहा है।'

कुछ जवाब दिये बग़ैर जुमैला शिवदास को घूरती रही। उसकी नज़रों की भाषा वह समझ गया।

'किसने तुम्हें तंग किया? चलो, हम अभी स्टेशन जाकर शिकायत लिखवायेंगे।'

सहसा स्टीयरिंग पर रखे उसके हाथ पकड़कर वह विनती करने लगी–'नहीं साहब, नहीं, मुझे उन लोगों से डर लग रहा है। थोड़ी दूर और जाने पर मैं कहीं उतर जाऊँगी। वे लोग मेरे पीछे पड़े हैं।'

शिवदास ने चकित होकर पूछा–'कौन?'

जुमैला कुछ समय चुप रही। इस आदमी से सब कुछ बताऊँ या नहीं...मन में यही कशमकश चल रही थी। आख़िर वह बताने लगी–

'मैं ताजूदीन भाई के घर की नौकरानी हूँ। दो साल हो गये...मेरा गाँव वहाँ उत्तर में है...बदिरम्पल्ली गाँव।'

'तेरा कोई रिश्तेदार नहीं?'

'हाँ...माँ–बाप हैं। मेरे नीचे तीन भाई–बहन और हैं। पिता बीमार हैं।'

बाहर के अँधेरे को घूरते हुए वह अपनी कहानी बताने लगी–'मजूरी करके मेरी माँ घर सँभालती है। पर जो मज़दूरी मिलती वह दवा के लिए भी पूरी नहीं पड़ती थी। अक्सर हम भूखे पेट सो जाते थे। ज़िन्दगी नरक बन बीत रही थी कि एक दिन हमारे दूर के रिश्ते के ताजूदीन भाई और उनकी पत्नी घर पर आये। उन लोगों ने कहा कि अगर मैं उनकी रसोई में थोड़ा–सा हाथ बँटा दूँ तो वे मेरी अच्छी देखभाल करेंगे। यह भी बताया कि वे मुझे शहर के एक अच्छे स्कूल में दाख़िला दिलवायेंगे। उनकी बातें सुनकर माँ–बाप की आँखें ख़ुशी से भर आयीं।'

अँधेरे से नज़र उठाये बिना जुमैला ने अपनी बातें जारी रखीं–'कम–से–कम मैं भरपेट खाना खाकर ख़ुशी से रह सकूँ, यह सोचकर माँ ने मुझे उनके साथ भेज दिया।'

'फिर?'

'उन लोगों ने मुझे स्कूल नहीं भेजा। हर वक़्त काम ही काम। हर वक़्त वहाँ कोई–न–कोई लोग आते रहते। जब मैं अकेली होती, ताजूदीन भाई मुझसे छेड़छाड़ करने लगे। धीरे–धीरे दूसरे लोगों को भी मेरे कमरे में लाकर कमरा बन्द करने लगे। सभी जाति और धर्म के लोग। मैं ज़ोर से न चीख़ पड़ूँ, इसलिए मेरे मुँह में कपड़ा ठूँस दिया करते थे।'

'ताजूदीन की पत्नी घर पर नहीं है क्या?'

'हाँ, है तो। जब मैं ज़ोर–ज़ोर से रोती थी तो वह कहतीं कि भैया के बिज़नेस की तरक़्क़ी के लिए है, तू चुपचाप लेटी रह। जब तू गाँव जायेगी तो हम तुझे काफ़ी पैसे देंगे।'

उसका वह शरीर जो अभी किशोरावस्था तक भी नहीं पहुँचा था, देखकर शिवदास ने पूछा–'फिर तू घर क्यों नहीं चली गयी?'

'वे लोग मुझे छोड़ें तब न? माँ से मिलने की बहुत इच्छा थी, पर जब भी पूछती तो वे लोग मुझे पीटते। एक बार तो मेरे सर पर उबलता हुआ पानी डाल दिया था। मुझे यह भी पता नहीं कि मेरे पिताजी अब ज़िन्दा हैं कि नहीं। अपने भाई–बहनों से मिलने की बड़ी इच्छा है मुझे। पर वे घर से बाहर नहीं जाने देते। अब मुझे घर की ऊपरी मंज़िल के कमरे में बन्द कर रखा था।'

शिवदास ने विस्मय से पूछा–'फिर तू बच कैसे गयी?'

जुमैला याद करने लगी कि कितनी मुश्किल से वह उस घर से बाहर निकल पायी। अब भी उसे इस बात पर विश्वास नहीं हो रहा था। उसने देखा था कि बाथरूम की खिड़कियों की लोहे की छड़ों में से एक ढीली हो चुकी थी। एक दिन उसने जैसे ही हाथ लगाकर देखा तो वह छड़ निकलकर हाथ में आ गयी। उसने उसे वहीं पर रखा। सोचा, मौका आने दो, इसकी ज़रूरत पड़ेगी। आज भैया घर पर नहीं थे। रात को एक काले–कलूटे, मोटे आदमी को भाभी ने ऊपर भेजा। उसे देखते ही वह काफ़ी डर गयी थी। कमरे के एक कोने में सहमकर खड़ी रही तो भाभी आकर उसके कान में कहने लगीं कि वह आदमी कोई बड़ा अधिकारी है, चीख़ेगी या चिल्लायेगी तो मार दी जायेगी। भाभी के जाते ही वह आदमी जुमैला पर झपट पड़ा और छेड़खानी करने लगा। उसके होंठों को काट डाला। वह बिना आवाज़ किये रोती जा रही थी। थोड़े समय बाद जब वह बाथरूम गयी तो उसके चेहरे पर बाहर की रोशनी पड़ी।

तुरन्त उसने लोहे की उस छड़ को निकाला और उसे लेकर कमरे में आयी। वह मोटा आदमी पीठ के बल लेटा था। उसके सर पर उसने ज़ोर से मारा। उस आदमी के मुँह से न कोई चीख़ निकली, न कोई आवाज़, बस वह निश्चल पड़ा रहा। जब उसके सर से ख़ून बिस्तर पर बहने लगा तो जुमैला कपड़े पहनकर बिल्ली के समान चुपचाप नीचे उतर आयी। सामने का दरवाज़ा खोलकर आँगन से होकर, दीवार लाँघ कर दौड़ी, ज़रा पीछे मुड़ी तो देखा आँखें तरेरकर हाथ हिलाते हुए भाभी आँगन की ओर आ रही थीं। इसी भागमभाग में जुमैला दीवार के उस पार की नाली में गिर पड़ी। कीचड़ से हाथ–पाँव गन्दे हो गये थे। फिर भी सँभलकर उठी और अँधेरे को चीरकर सड़क की तरफ़ दौड़ी।

शिवदास ने बड़े आश्चर्य के साथ जुमैला को देखा। कहीं ये सब इसकी मनगढ़न्त कहानियाँ तो नहीं हैं? यक़ीन नहीं होता।

थोड़े समय के लिए किसी ने कुछ नहीं कहा।

गाड़ी आहिस्ता चल रही थी। आख़िर सड़क से होकर गाड़ी एक घर के कार पोर्च में आ रुकी।

जुमैला फिर से डरने लगी। लगा एक अजनबी दुनिया में प्रवेश कर रही है। यह कौन–सी जगह है?

गाड़ी से उतरकर शिवदास ने उसके साइड का दरवाज़ा खोला– 'उतरो जुमैला।'

वह उतर गयी। दिल की धड़कन की आवाज़ उसके कानों पर पड़ रही थी।

चाबी लेकर दरवाज़ा खोलते हुए शिवदास ने कहा–'अन्दर आओ।'

'नहीं साहब, मैं कहीं चली जाऊँगी।'

आश्चर्य के साथ मुस्कुराते हुए उसने पूछा–'इतनी रात को? एक लड़की का इस तरह सड़क पर भटकते फिरना बिल्कुल ठीक नहीं। और तो और कल हड़ताल भी है।'

आशंकित होकर जुमैला वहीं खड़ी रही। शंका के साथ वह शिवदास को देखने लगी। अब तो उसे किसी भी पुरुष पर विश्वास नहीं था। ऊपर से इस आदमी ने तो शराब भी पी रखी है।

वापस आकर शिवदास ने जुमैला के कन्धों पर हाथ रखा–'आओ जुमैला।'

जुमैला काँपने लगी। फिर उसने सोचा जो होगा देखा जायेगा...वह अन्दर चली। चाबी का गुच्छा टी.वी. के ऊपर रखकर उसने दरवाज़ा अन्दर से बन्द कर दिया। अपने अन्दर के भय को दिखाये बिना उसने पूछा–'यहाँ और कोई नहीं?'

'नहीं।'

शर्ट के बटन खोलते हुए जब शिवदास फ़ोन की ओर मुड़ने लगा तो जुमैला और घबरायी। जैसे ही फ़ोन डायल करने लगा तो जुमैला घबराकर उसका हाथ पकड़कर फिर पूछने लगी–'क्या बात है...किसको बुला रहे हैं?'

'क्या हुआ जुमैला?' शिवदास हँसने लगा।

हाथ जोड़कर रोते हुए उसने कहा–'किसी और को मत बुलाइयेगा साहब, आप चाहें तो मेरे साथ कुछ भी कीजियेगा...पर अपने साथियों को बुलाकर...मेरा शरीर काफ़ी दुःख रहा है।' फिर दोनों हाथों से मुँह छुपाकर वह सिसक–सिसककर रोने लगी। फ़ोन वहीं छोड़कर शिवदास ने उसके कन्धे पर हाथ रखा।

'इस तरह डर मत जुमैला, सभी आदमी एक जैसे नहीं होते हैं।'

जुमैला उसकी बातें नहीं सुन रही थी। उसका ध्यान अपने कन्धे पर रखे हुए उस खुरदरे हाथ पर था। कब और किस पल ये हाथ साँप की तरह मुझे लपेट लेगा...इस भय से वह स्तब्ध खड़ी रही।

शिवदास बेडरूम की शेल्फ़ खोलकर एक तौलिया लेकर आया। तब जुमैला फ्रिज के ऊपर रखी सुन्दर और हँसमुख लड़की की फ़ोटो देख रही थी। शिवदास को भय था कि कहीं जुमैला कुछ पूछ न बैठे। जल्दी से वह उसका हाथ पकड़कर बाथरूम की ओर ले गया और तौलिया देकर कहा–'अच्छी तरह नहा ले, तेरे बदन पर पूरा कीचड़ लगा है।'

शोक भरे स्वर में जुमैला ने कहा–'मुझे ज़ोरों की भूख लगी है। मारे भूख के मेरा पेट जल रहा है।'

'जल्दी नहा कर आ, मैं खाना लगाता हूँ।'

सुनते ही वह अपने कपड़े उतारने लगी। अन्दर उसने कुछ नहीं पहना था। अपने–आप को भूलकर जब वह कपड़े उतारकर नग्न हो गयी तो शिवदास वहीं पर स्तब्ध खड़ा रहा। उस लड़की की लाज और शर्म कब की ख़त्म हो चुकी थी। उसकी पतली और फीकी देह पर साफ़ दिख रही पसलियाँ देखकर शिवदास को बेहद दुःख हुआ। उसने जल्दी से अपना मुँह मोड़ लिया, दुबारा फिर देखा।

जुमैला की पीठ पर एक हथेली के आकार का बड़ा घाव था। घाव भरने ज़रूर लगा था, पर एक जगह त्वचा छिल गयी थी जिस पर ख़ून चिपका हुआ था। आतंकित होकर पूछा–'बेटी यह क्या है?'

जुमैला बोलने लगी–'एक बार मैं ज़ोर से चीख़ी तो भाभी ने मुझे कसकर पकड़ा और भैया ने बेलचा गरम करके मेरी पीठ पर लगा दिया। 'कहते हुए उसके होंठों पर एक फीकी मुस्कान आ गयी। शिवदास कुछ बोल नहीं पाया। अपनी बातें जारी रखते हुए उसने कहा–'फिर ताजूदीन भैया ने मुझे बहुत डराया–धमकाया। कहा, आगे से कमरे में गेस्ट के होने पर इस तरह चीख़ेगी तो सिर्फ़ बेलचा गरम करके जलाऊँगा नहीं बल्कि काटकर टुकड़े कर दूँगा और प्लास्टिक बैग में भरकर नदी किनारे फेंक आऊँगा।...उसके बाद मैं बिना आवाज़ किये चीख़ती थी...भैया जो बोलते वह करके दिखाते।'

जुमैला जब नहा रही थी तो शिवदास ने फ्रिज से एक पैकेट दूध और ब्रेड निकाला। फ्रिज के ऊपर रखी फ़ोटो से हमेशा जो मुस्कुराहट मिलती थी, उसे पाकर वह रसोई में गया बर्तन भर दूध उबाला, ब्रेड टोस्ट किया। फिर सब को मेज़ पर लगा दिया।

जुमैला तब भी नहा रही थी। तब उसे याद आया, वह जल्दी से बेडरूम में पहुँचा। काफ़ी दिनों से बन्द पड़ी शेल्फ़ खोली। पुराने होने पर भी उसमें से फैलने वाली मोहक सुगन्ध के लिए उसने अपनी नाक खुली रखी। शेल्फ़ की हर दराज में कपड़े करीने से रखे हुए थे। उन्हें लेते वक़्त उसकी उँगलियाँ काँप रही थीं। एक स्कर्ट और कुर्ती ले ली उन्हें खोलकर देखा। जुमैला के लिए ठीक रहेंगे। वह ड्राइंग रूम की ओर बढ़ा। कपड़ों को अपनी गोदी में रखकर वह जुमैला का इन्तज़ार करने लगा।

नहाने के बाद शरीर को तौलिये से लपेटकर वह बाहर आयी। उसका सामना किये बिना शिवदास ने उसकी तरफ़ कपड़े बढ़ाये। बेडरूम की ओर जाते वक़्त उसके बालों से पानी की बूँदें टपक रही थीं। शिवदास को अपनी बेटी को नहलाने की याद आयी। उसके अन्दर से अनजाने एक चीख़ निकल उठी।

कपड़े पहनकर खुशी–ख़ुशी जब जुमैला बाहर आयी तो पलभर के लिए शिवदास कहीं खो गया। स्कर्ट को दोनों हाथों से पकड़कर उसने कहा, 'मेरे लिए बिल्कुल फिट है।'

सहसा शिवदास ने कहा–'बातें बाद में, पहले खाना खा लो।'

डाइनिंग टेबल पर जो खाना रखा था वह उसने बड़े चाव से खा लिया। दूध के बर्तन के नीचे पड़ी चीनी को हाथ से लेकर चाटते हुए उसने कहा–'बस, मेरा पेट भर गया।'

फिर वह शिवदास के पास की कुर्सी पर आकर बैठ गयी...वह जम्हाई लेने लगी। बोली–'मुझे नींद आ रही है।'

सहसा उसका ध्यान शोकेस की ओर गया। दौड़कर उसने शीशा खोलकर अन्दर से मुलायम टेडीबियर को बाहर निकाला। उसकी आँखों में ख़ुशी झलक रही थी। फिर पूछा–'क्या मैं इसे थोड़ी देर के लिए अपने पास रखूँ?'

शिवदास ने सर हिलाकर अनुमति दी। उसकी आँखें गीली होने लगी थीं, जल्दी ही वह बेडरूम की ओर चलने लगा। एक नया चादर लेकर बिस्तर पर लगाते वक़्त टेडीबियर को अपनी छाती से लगाकर जुमैला पास आयी। भोली आवाज़ में उसने पूछा–'तो मैं किधर लेट जाऊँ?'

'तुम्हारे लिए ही बिस्तर लगा रहा हूँ। मैं यहाँ फ़र्श पर बिस्तर लगाकर सोऊँगा।'

जुमैला विस्मय से देखने लगी–'क्यों? इस बिस्तर पर तो तीन–तीन लोग लेट सकते हैं।'

उसे यह सोचकर हँसी आयी कि अब जुमैला के मन का भय टल गया है।

बड़े उत्साह से जुमैला बिस्तर पर चढ़ी। टेडीबियर को छाती से लगाकर वह लेट गयी। उसकी पलकें झपने लगीं। शिवदास को लगा जैसे उसके सर पर ख़ून सवार हो। उसने जल्दी से शेल्फ़ खोली और काँपते हाथों से एक कम्बल लिया। रंग–बिरंगे फूलों वाला। कम्बल उसने जुमैला को ओढ़ा दिया। ओढ़ाते वक़्त जुमैला ने अपनी शरारती आँखें खोलकर उसकी तरफ़ देखा। उसकी बेटी की सी हँसी। उसने कान तक उसे ढँक दिया था उसकी बेटी को ऐसे ही ढँकना पसन्द था। उसके बाद जैसा कि वह हमेशा करते आया था उसने उसके माथे को चूमकर कहा–'गुड नाइट बेटी।'

लाइट ऑफ़ करके वह चटाई पर लेट गया। तब उसके कानों में जैसे आवाज़ आयी–'गुड नाइट पापा।'

क्या यह उसका वहम था। नहीं, मैंने सचमुच सुना था। उसने सोचा। उसको नींद नहीं आ रही थी। 'जुमैला'...उसने आहिस्ता से बुलाया। उसने जवाब नहीं दिया, जुमैला गहरी नींद में थी। जब ज़ोर से पुकारा तो वह जग गयी। शिवदास ने पूछा–'बेटी, क्या मैं थोड़ी देर तुम्हारे पास लेट जाऊँ?'

आधी नींद में उसने कहा–'हाँ–हाँ क्यों नहीं।'

वह जुमैला के पास लेट गया। उसने मन–ही–मन निश्चय किया था कि वह नहीं रोयेगा, उसकी आँखें गीली नहीं होंगी। पर जैसे ही लेटा वह उस बेटी को पकड़कर फूट–फूटकर रोने लगा।

भगवान का अपना देश

सूर्य को समुद्र निगल चुका था। मलयालम पाठ्यपुस्तक में पहले कभी रट्टा लगाकर पढ़ा वह मुहावरा याद आया। मन हमेशा बेवजह की बातों में ही भटकता रहता है। मन को नियन्त्रण में रखने के लिए एक रिमोट मशीन खोज निकालना ज़रूरी है ताकि उसे क़ाबू में कर सके।

अँधेरा होते ही दर्शक सब अलग हो गये। समुद्री तट पर वह और लाश मात्र बाक़ी रहे। एक तरफ़ क़िले की विशाल प्राचीन प्राचीर और दूसरी ओर समुद्र की विशालता। दोनों के मध्य चट्टानों के बीच की सफ़ेद रेत में फँसी युवती की लाश। हटकर दूर जा बैठने की इच्छा नहीं हुई। इस सुनसान इलाक़े में इससे बेहतर कोई नज़दीकी मिलने की सम्भावना भी नहीं थी।

सुबह से ऐसे ही बैठा है। ऊब और थकान की कड़वाहट का रस शायद इससे पहले नहीं पिया था। एक युग की लम्बाई थी इस दिन के लिए। समय तेंदुए की तरह सामने खड़ा था। एक इंच भी रास्ता दिये बिना। इस लाश को लेकर ये सारी आपत्ति है। तमिलनाडु से इस मद्रासिन को यहीं पर आकर मरना था? बताया जा रहा है प्रेम से निराश होकर ख़ुदकुशी कर ली। प्रेम से निराश होकर कोई ख़ुदकुशी करेगा क्या? आख़िर प्रेम नामक कोई चीज़ है क्या?

अपने क्रोध पर क़ाबू न पाकर उसने रोशनी में दीख पड़ी एक चट्टान उठाकर उस लाश के सर की ओर फेंक दी। बेचारा पुलिस वाला अपना ग़ुस्सा और किस पर दिखा सकता था। सहसा वह लाश थोड़ा खिसककर हट गयी। फिर धीरे–से उठकर कहने लगी।

'कृपया पत्थर मत मारिए।'

मैंने दूसरा पत्थर नीचे डाल दिया। लाश के बोलने पर मुझे राहत मिली। वक़्त तो कट जायेगा। मैंने पूछा–

'तेज़ाब पीने के बावजूद तू समुद्र में कूदी क्यों?'

'न मैंने कुछ पिया है न ही समुद्र में कूदी।' शुद्ध मलयालम में बोली।

अत्यन्त विस्मित होकर मैंने पूछा–'तमिलनाडु के चोलपुरम की सीताम्मा हो न तुम?'

तेज़ाब से विकृत हुए उसके चेहरे पर मैं कोई मुस्कान न देख पाया।

'मैं सीताम्मा नहीं हूँ। मैं मलयाली हूँ, नाम है यमुना...यमुना देवी।'

नाम सुनकर पलभर के लिए मैं चौंक पड़ा, पर उसकी कथा जानने के लिए मैं उत्सुक हो गया।

'तुम कैसे मरीं? इस चिट्ठी में जो कुछ लिखा है क्या तुमने नहीं लिखा?' सुबह उस लाश से बरामद हुई चिट्ठी उठाकर उसने पूछा।

'मैं सब कुछ बता दूँगी। क्या मेरी एक मदद कर सकोगे?'

मैं हँस पड़ा। लाश की मदद! बीड़ी सुलगाकर बिना कोई दिलचस्पी दिखाये मैंने कहा–'मैं किसी की मदद–वदद नहीं करता। मुझे अपनी समस्याएँ हल करने तक का वक़्त नहीं। फिर भी बताओ क्या कहना है तुम्हें?'

तानिकुज्ही में है मेरा घर। मेरे पति कांस्य की कम्पनी में काम करते थे। एक बेटी थी जो सयानी हो गयी थी। छोटा परिवार सुखी परिवार। घर बनाने का काम शुरू होते ही समस्याएँ खड़ी हो गयीं। बीड़ी बनाने का काम छोड़कर मैं पति के साथ कांस्य की कम्पनी में काम पर जाने लगी। फिर भी मामला सुलझा नहीं। मैंने ज़िद करके कहा था कि हमारे लिए छोटा घर ही काफ़ी है। पर क्या बताऊँ, पति ने जहाँ से भी हो सका क़र्ज़ ले लिया।

मैं फिर हँस पड़ा। मेरे घर का काम भी कई उलझनों में फँसकर ठप्प पड़ा है। उपलब्ध सभी लोन ले चुका हूँ। पत्नी के सारे आभूषण बैंक में गिरवी रखे हैं। बस मंगलसूत्र बाक़ी है।

'हँस क्यों रहे हो?'

'यूँ ही।' मैंने कुछ नहीं बताया। अपनी बातें एक लाश को बताने से क्या फ़ायदा? उससे कोई लोन तो मिलेगा नहीं।

इसके बाद उस लाश ने बड़े विस्तार से घर बनाते वक़्त लगे प्रतिबन्ध, पैसे इकट्ठा करने की दौड़–धूप, उधारदाताओं की परेशानियाँ आदि बता दीं। सब कुछ अपनी समस्याओं की तरह मैं सुन रहा था।

'जैसे कि अख़बारों में ख़बर आती है, उसी तरह हमने भी परिवार समेत खुदकुशी करने की बात सोची थी। उन दिनों एक बार हम यह क़िला देखने आये थे। मुझे कोई दिलचस्पी नहीं थी पर पति ज़िद करके ले आये। ज़िन्दगी की तकलीफ़ों से काफ़ी समय से पीड़ित थे न, एक दिन थोड़ा मज़ा लूटें, यह सोचकर लेकर आये थे। बेटी को बहन के घर छोड़ आये थे हम।

पति मुझे क़िले पर लेकर नहीं आये। क़िले के निकट के थ्री स्टार होटल में एक कमरा लिया। उन्होंने मेरे लिए बहुत बढ़िया खाना मँगवाया और मैंने बड़े चाव से पेटभर खाया। खाने के बाद अचानक मुझे नींद आने लगी। मैंने सोचा कि शायद यात्रा की थकान होगी। उस नींद के अन्तराल में एक अश्लील मुस्कान के साथ मेरे सामने खड़े होटल के मैनेजर को मैंने देखा था। मैं अभी आऊँगा कहकर बाहर जाने वाले पति को भी मैंने देखा।

मैं चीख़ना चाहती थी, अपने हाथ–पैर के बल से प्रतिरोध करना चाहती थी। पर बार–बार कोशिश करने के बावजूद मेरे गले से आवाज़ बाहर नहीं आयी और मेरे हाथ–पाँव हिले तक नहीं। मैनेजर को काफ़ी कुछ करने की जल्दी थी।

फिर मेरे ऊपर एक चादर फेंककर जब वह बाहर निकला तो मेरे पति अन्दर आये। उनके साथ दो टूरिस्ट युवक भी थे। भरी हुई मेरी आँखें देखकर पति ने समझाते हुए मेरे कन्धे पर हाथ रखा और कहा–

"कोई बात नहीं, हमें अपना घर बनाना है न? बेटी की शादी भी करवानी है न?"

मेरी ज़ुबान काफ़ी कुछ बताने को उतावली हो रही थी। पर एक शब्द न निकला। मुझे बड़ी प्यास लग रही थी। पति ने मेरे मुँह पर कुछ मीठा रस डाल दिया, मैंने सुड़क–सुड़क कर वह पिया। कुछ युवकों को मेरे कमरे में छोड़कर वह फिर से क़िले की ओर चल पड़े। इस तरह रोज़ कई लोग आते रहे। स्वदेशी भी और विदेशी भी। कभी–कभार विश्राम के लिए मिलने वाली पलभर की अवधि में मैं उठकर आहिस्ता–आहिस्ता दरवाज़े तक पहुँचती और धक्का देकर देखती। वह हमेशा बाहर से बन्द रहता।

खिड़की से थोड़ी–सी रोशनी आती थी, उसी से मैं क़िले के प्राचीर को देखती और क़िला देखने आये टूरिस्टों को भी।

आपको मालूम है? पहले यह क़िला कुँवारी की तरह पड़ी एक भूमि थी। किसी को इसके प्रति कोई दिलचस्पी या चाह नहीं थी। जब से सरकार ने इसे पर्यटन स्थल बनाया तब से यह एक व्यावसायिक केन्द्र बन गया। उसके साथ–साथ मशरूम की तरह स्टार होटल भी बन गये।

लाश के सामान्य ज्ञान से मैं चकित रह गया। लेकिन जल्दी ही वह विषय पर आ गयी।

'पहले का एक–एक दिन मुझे याद रहा, जैसे बुधवार, गुरुवार, शुक्रवार... धीरे–धीरे कोई दिन याद न रहा। कपड़े बदलने के समान रात और दिन गुज़रने लगे। फिर मुझे ब्लीडिंग शुरू हुई। अस्पताल की आस मेरे मन में उठी। पर वह भी नहीं हुआ। बिस्तर ख़ून से लथपथ था। मेरा दम घुट रहा था। मैनेजर और मेरे पति ने मिलकर मेरे चेहरे पर तेज़ाब डाला और मेरा चेहरा दूसरों के लिए पहचान योग्य नहीं रखा। दोनों ने मिलकर मुझे तमिलनाडु की सीताम्मा बनाया। पति ने ही मेरी तरफ़ से ख़त भी लिखा और उस रात को दोनों ने मिलकर मुझे क़िले के ऊपर से समुद्र में फेंक दिया।'

कुछ देर चुप रहने के बाद उसने फिर पूछा–

'अब बताओ, मेरी एक मदद करोगे?'

मैं चुप रहा। क्यों इस झंझट में ख़ामख़्वाह सर डालूँ? मेरी चुप्पी देखकर याचना के स्वर में उसने कहा–

'आपको देने के लिए मेरे पास कुछ भी नहीं है। चाहे तो मेरे इस शरीर का भोग कर सकते हो। मरने के बाद क्या इज़्ज़त, क्या आबरू?'

उसके शरीर को मैंने घृणा से देखा।

'आपको इतनी घिन क्यों आ रही है? जब आधी रात को मेरी लाश इस समुद्री तट पर आयी तो चार–पाँच लोगों ने मेरे शरीर को आज़माया था। लाश होने का कोई परहेज़ उनको नहीं था। यहाँ इकट्ठा हुए सैलानियों की आँखों में भी मैंने सिर्फ़ मांस की लालसा ही देखी।

मैंने उससे कहा कि मुझे ऐसी चीज़ों में कोई दिलचस्पी नहीं है। फिर उससे पूछा कि वह अगर अपनी इच्छा बता दे तो उसे पूरा करने की कोशिश करूँगा।

उसने कहा, 'हो सके तो आप मेरे गाँव तानिकुज्ही जाकर मेरी बेटी से मिलियेगा। उसे सिर्फ़ इतनी सूचना देना कि पिताजी के बुलावे पर कभी भी क़िला देखने मत निकलना। क़िला देखने में दिलचस्पी रखने वाली ऐसी लड़कियों से भी कहियेगा।'

अचानक टॉर्च की रोशनी फैली तो उसने देखा कि क़िले के मेहराब की सीढ़ियाँ उतरकर दो आदमी आ रहे हैं। फ़ौरन यमुना लाश बन गयी। वहीं पर गिरकर निश्चेष्ट हो गयी।

रात को पहरा देने आये कांस्टेबल थे...कुमारन और करुप्पन। करुप्पन ने टॉर्च की रोशनी में लाश का निरीक्षण किया। उसे अनदेखा करके ग़ुस्से से मैंने पूछा—'छह बजे आने को कहा था, अब दस बज चुके हैं।'

उसके क्रोध को नज़रअन्दाज़ करके लोमड़ी की वासना से करुप्पन लाश को देख रहा था।

कुमारन पहली बार क़िला देख रहा था, इसलिए वह क़िले के विशाल मेहराबों और दीवारों को देख रहा था। फिर उसी वासना से वह भी शव की तरफ़ टॉर्च लाया।

करुप्पन को जल्दी थी।

'अरे, देख क्या रहा है, बोतल और गिलास लेकर आ जल्दी।'

कुमारन बोतल और गिलास लाया। मैं कुछ कहे बिना चाँदनी से धुले उस रास्ते से होकर चल पड़ा। क्वार्टर तक पहुँचते—पहुँचते काफ़ी देर हो गयी थी। यमुना ने दरवाज़ा खोला। वह काफ़ी परेशान थी।

'कहाँ ग़ायब थे आप? कल सुबह चले गये थे, अगर आ नहीं सकते थे तो कम—से—कम ख़बर दे देते।'

मैंने कुछ नहीं कहा। बेटी सो चुकी थी। जल्दी से नहाया और खाना खाया। बिस्तर पर लेटते वक़्त भी मैं सोचता रहा। यमुना जब पास में आयी तो उससे पूछा कि तानिकुज्ही नामक कोई जगह जानती है क्या? उसकी जानकारी के मुताबिक़ तानिकुज्ही नामक दो जगहें हैं, कोल्लाड़ा में भी और कोड़ोम्बेलूर में भी। मैं शंका में पड़ गया। फिर टेलीफ़ोन डायरेक्टरी लेकर ढूँढ़ा। उसमें सत्रह तानिकुज्ही मिली। अगले दिन छुट्टी लेकर अन्य ज़िले की टेलीफ़ोन डायरेक्टरी इकट्ठी करके ढूँढ़ने लगा। एक के बाद एक कई तानिकुज्ही मेरे सामने आये।

इसमें किस तानिकुज्ही में मैं जाऊँ? किस बेटी को बचाऊँ? कोई रास्ता नज़र नहीं आया। एक दिन की छुट्टी ख़ामख़्वाह चली गयी। फिर भी घर बनाने की चिन्ताओं से बच गया। मुझे ऐसे चुप बैठे देखकर यमुना पास आयी। कुछ–न–कुछ पूछना ज़रूरी था, इसलिए मैंने उससे यूँ ही पूछा–'यमुना, तुमने क़िला देखा है कभी?'

बड़े उत्साह से उसने जवाब दिया, 'नहीं।'

मुक्ति

आप मुझे ऐसा वर दीजिए कि आपके द्वारा बनाये गये राक्षसों से मैं न मारा जाऊँ। जानवर और मनुष्य भी मुझे न मार सकें।

–श्रीमद्‌भागवत

शावर के नीचे गीली खड़ी लोपामुद्रा सहसा इस विचार से चौंक पड़ी कि कोई उसकी नग्नता कैमरा में तो नहीं ले रहा? हवा में लहराने वाले छोटे पेड़ की तरह उसका शरीर काँपने लगा। हैंडल से कपड़े उठाकर लोपामुद्रा ने शरीर को लपेटा। फिर भी शरीर से कँपकँपी नहीं गयी।

बाथरूम बन्द होने के बावजूद कोई मेरा नंगापन देख रहा है। बाथरूम के सभी नट और बोल्टों का उसने निरीक्षण किया। दरवाज़े की दरारों की भी जाँच की। पता नहीं कहाँ पर कैमरा की तीसरी आँख छिपी हुई है।

बाल्टी को उल्टा रख ऊपर चढ़ी। रोशनदान के किनारों को ध्यान से देखा। कुछ भी न मिला। अपने ही घर का बाथरूम है, घबराने की क्या बात है, ख़ुद को शान्त करने की कोशिश की। फिर भी लोपामुद्रा के मन का भय पूरी तरह नहीं मिटा था।

टिमटिमाने वाले बल्ब की तरफ़ उसका ध्यान गया। हे भगवान, कहीं उस बल्ब के फिलामेंट में तो नहीं कैमरा की तीसरी आँख होती?

किवाड़ खोल लोपामुद्रा बाहर कूद पड़ी। डाइनिंग हॉल से निकली माँ ने पूछा–'चूहा है क्या?'

इनकार करते हुए उसने सर हिलाया। 'क्या तूने अपना सर नहीं पोंछा। अरे बुखार हो जायेगा।' तौलिया लेकर जब माँ उसका सर पोंछ रही थी, माँ के शरीर से सटकर खड़े होते ही उसे थोड़ा आराम और गर्मजोशी महसूस हुई। उसने माँ को कसकर पकड़ लिया।

'तेरे कपड़े इतने गीले क्यों हैं?' लोपामुद्रा ने जवाब नहीं दिया। उसका हाथ छुड़ाकर माँ ने कहा, 'शाम को है टी.वी में प्रोग्राम। जल्दी कपड़े बदलकर आ।'

उसने बेडरूम के दरवाज़े और खिड़कियाँ बन्द कर दिये, अपने शरीर को रोशनी में दिखाये बिना उसने कपड़े बदले। बिस्तर पर गिरते ही उसने खिड़की से बाहर देखा–शाम की धूप नहीं ढली है। यह पीली रोशनी जल्दी ही लाल–काली हो जायेगी। उसे अब भी सर्दी लग रही थी। शरीर पर पसीने की बूँदें भी आ रही थीं, फिर भी उसने पूरा शरीर ढँक लिया। उसने अपनी मुट्ठियाँ इस तरह जकड़ लीं कि मानो साढ़े छह बजे के उन पलों को स्थगित कर सके। नील नदी की तरह सभी बाँधों को तोड़कर आगे बढ़ने वाले समय प्रवाह को वह निस्सहाय होकर महसूस कर रही थी। बेकार में मुट्ठियों को पीड़ा पहुँचाई। अब साँझ हो जायेगी। कुछ ही पल में वह और परिवार टी.वी. में दिखाई देगा। मन में कोई डाँट रहा है। चैन से बैठ, ख़ुश रह। तुम्हें एक असुलभ अवसर प्राप्त हुआ न?

वह हादसा एक हफ़्ते पहले हुआ था। नील नदी से लोपामुद्रा पीछे की ओर तैरने लगी। मन ने फिर से डाँटा–'अरे यह तो सौभाग्य की बात है न।' पिछले दो साल से एक रहस्य का बोझ अकेले ढो रही थी लोपामुद्रा। अनियमित माहवारी और रक्तस्राव को शुरू–शुरू में उसने नगण्य समझा था। विभिन्न प्रकार की आयुर्वेदिक दवाओं की बोतलों से घर भर गया, फिर भी ख़ून की कमी बनी रही। आख़िर मजबूर होकर उसने अपनी माँ को इसके बारे में सूचित किया। माँ बहुत क्रुद्ध हुई और उसने लोपामुद्रा को दो थप्पड़ भी रसीद कर दिये। अब तक इसे छुपाये रखने से पापा को भी ग़ुस्सा आया था। पापा ने तुरन्त शहर चलने की आज्ञा दी। लोपामुद्रा नहीं मानी। शहर के तीनों गाइनेकोलॉजिस्ट पुरुष थे। उनके सामने अपने गुप्तांगों को दिखाने की बात सोचकर वह शर्मिन्दा थी। माँ ने दाँत निपोरे और कहा–''इस इलाक़े की स्त्रियों की डिलिवरी वे ही तो करते हैं? फिर अकेले तुम्हें इतना शर्मिन्दा होने की क्या बात है?'

लोपामुद्रा ने फ़ैसला किया, 'जो भी हो शहर के अस्पताल में मैं नहीं जाऊँगी।'

अगले दिन सुबह दो किलोमीटर दूर के नगर के अस्पताल की ओर वे निकल पड़े। ब्लू डायमंड अस्पताल। नीले शीशों से ढँकी, फाइव स्टार होटल

जैसी एक छह मंज़िला इमारत। सुन्दर बगीचा, फाउंटेन, विनम्र हँसी। जाँच के बाद प्रिस्क्रिप्शन लिखते समय डॉक्टर सुधा वर्मा ने उससे इतनी देर करने की शिकायत की। तब भी कंसल्टिंग के दौरान हुई शर्मिन्दगी उसके पतले शरीर पर अदृश्य धनुष की गाँठ बाँध रही थी। डॉक्टर के कमरे से बाहर निकलते ही उसने चैन की साँस ली। चारों ओर देखा, शुक्र है, कोई जान–पहचान वाला नहीं। बरामदे की ओर जाते वक़्त भी वह प्रार्थना कर रही थी। जंक्शन पहुँचने पर पापा को याद आया कि दवा नहीं ख़रीदी है। वहाँ पर दवा की दुकान के कोई बोर्ड भी दिखाई नहीं दे रहे थे। कुछ दूर फ्लाईओवर शुरू होने की जगह एक लाल क्रॉस और दवा की दुकान का बोर्ड था जिसकी ओर लोपामुद्रा ने इशारा किया।

'आओ' कहते हुए पापा ज़ेब्रा लाइन से सड़क पार करने लगे। लोपामुद्रा ने माँ का हाथ पकड़कर कहा, 'ठहरो न माँ, हम इधर इन्तज़ार करें।' आँखें तरेरकर माँ ने पूछा–'तुम आती क्यों नहीं?' फार्मासिस्ट प्रिस्क्रिप्शन पढ़कर एक–दूसरे को देखकर हँसेंगे। वे इस तरह घूर–घूर कर देखेंगे कि इस लड़की को ऐसी बीमारी है? तब दवा ख़रीदने आये अन्य लोग दया भरी निगाहों से पापा–मम्मी को देखेंगे। क्या पता पापा के जान–पहचान वाला कोई वहाँ मिले? फिर तो ख़बर फैल जायेगी।

'बेटी, जल्दी आ, तेरे पापा के अकेले जाने से कुछ ठीक नहीं होगा। दवाएँ ग़लत ले लेंगे। यह भी नहीं पूछेंगे कि दवा कैसे लेनी है।'

तुम चली जाओ माँ, मैं यहीं पर इन्तज़ार करूँगी।'

माँ का जल्दी सड़क पार करना, पापा के साथ मेडिकल शॉप जाना, पापा का जेब से प्रिस्क्रिप्शन निकालकर माँ को सौंपना, थोड़ी देर बाद एक फार्मासिस्ट द्वारा उत्तर की सड़क की ओर इशारा करना, माँ और पापा का उस तरफ़ जाना आदि, लोपामुद्रा वहीं खड़े होकर देख रही थी। वह आस–पास भूलकर वहीं खड़ी रही लेकिन कुछ देर से उस पर नज़र गड़ाये वहाँ खड़े उस सुन्दर युवक की तरफ़ उसका ध्यान गया ही नहीं। क़रीब आकर जब उसने हेलो कहा तो वह चौंक पड़ी।

'नाम क्या है तुम्हारा?' उस युवक ने पूछा। वह लाल कुर्ता और जींस पहने हुए था। हाथ में कूलिंग ग्लास। बिल्ली की आँखों वाला। लोपामुद्रा उससे पहली बार मिल रही थी।

'तुम लिजिमा हो न?'

'नहीं, लोपामुद्रा हूँ।'

'क्राइस्ट कॉलेज में पढ़ रही हो न?'

'नहीं, देवमाता में।' फिर से इसी तरह के कई झूठमूठ प्रश्न। कुछ के लिए उसने उत्तर दिया। लेकिन जब वह नहीं टला और उसकी ओर से सवाल पर सवाल आते रहे तो लोपामुद्रा का भय दुगुना हो गया। सड़क के उस पार की तरफ़ उसकी निगाहें जा रही थीं।

'आओ, हम जाकर एक आइसक्रीम खा लें'–उसने पूछा।

कठोर स्वर में लोपामुद्रा ने जवाब दिया–'नहीं।'

'तुम बहुत सुन्दर हो', बिल्ली की आँखों वाला उसके क़रीब आया। उसका हाथ पकड़कर कहा–'तू चल मेरे साथ। सौपर्णीका रिसोर्ट में जाकर एक कमरा ले लेंगे हम।' युवक की बातें सुनकर वह चौंक उठी जैसे बिजली का झटका लगा हो। उससे हाथ छुड़ाकर ग़ुस्से के साथ वह चिल्लायी–'हटो दूर, क्यों परेशान कर रहे हो?' सड़क से होकर आने–जाने वाले लोग रुक गये। उसने सोचा कि कोई आकर उसे बचायेगा। बिल्ली की सी आँखों वाला फिर सामने आया और उसने फिर से लोपामुद्रा के हाथों को कसकर पकड़ा। सारी शक्ति लगाकर उसने हाथ छुड़ाया तो उसकी कमीज़ कहीं अटककर फट गयी। वह काफ़ी डर गयी।

दर्शकों की भीड़ जमा हो गयी। दर्शक अनुशासित तरीक़े से अर्धवृत्त में खड़े होकर दृश्य का आस्वादन कर रहे थे। टिप्पणी भी कर रहे थे।

तभी ज़ेब्रा लाइन से चिल्लाते हुए पापा और पीछे से माँ भी आ पहुँचे। चार–पाँच गाड़ियाँ गालियाँ देते हुए अचानक ब्रेक लगाकर रुक गयीं। एक साइकिल सवार सड़क पर गिर पड़ा।

अचानक सामने खड़ी एक वैन से चार–पाँच युवक बाहर निकले। दो युवकों के हाथ में वीडियो कैमरा थे। बिल्ली की सी आँखों वाला अपनी जेब से आइडेंटिटी कार्ड निकालकर दिखाते हुए कूदकर आ रहे पापा को रोकने की कोशिश रहा था। पापा के हाथ से एक थप्पड़ जब उसके गाल पर पड़ा तो आइडेंटिटी कार्ड वाले दो और लोगों ने पापा को एक तरफ़ हटाया।

अपना आइडेंटिटी कार्ड लेकर वैन से निकला निदेशक माइक्रोफ़ोन उठाकर कहने लगा–'हम लोग गंगा चैनल से आये हैं। घबराने की ज़रूरत नहीं। यह बस एक शूटिंग है।'

सभी दर्शक हँसते हुए कैमरा की तरफ़ देखने लगे। लोपामुद्रा के पापा तब भी किसी की जकड़ में पड़े उस बिल्ली की सी आँखों वाले की ओर झपट रहे थे। जब कैमरा पापा की ओर मुड़ा तो हड़बड़ी ख़त्म हो गयी। पापा सौम्य बन गये। उनके होंठों पर एक फीकी मुस्कान फैली। कैमरा में वह हँसी भी दर्ज हुई।

निदेशक ने लोपामुद्रा के पापा के कन्धे पर हाथ रखा। 'कूल डाउन, कूल डाउन...इस युवक ने कोई ग़लती नहीं की है। हमारे निर्देशानुसार उसने अपनी अदाकारी निभाई। आपकी बेटी ने भी अच्छी अदाकारी निभाई है।'

कुछ कहने में असमर्थ होकर लोपामुद्रा के पापा ने सर झुका लिया। निदेशक घबराई खड़ी माँ की ओर मुड़ा। उसको दिलासा देते हुए निदेशक ने कहा—'दीदी, यह तो बस एक शूटिंग है। लोगों को, ख़ासकर स्त्रियों को, जागरूक करने के लिए गंगा चैनल का एक कार्यक्रम। आजकल हमारे देश में स्त्रियों का हर कहीं उत्पीड़न हो रहा है। सड़कों पर, बसों में, रेलगाड़ियों में, दफ़्तर में, हर जगह उनका उत्पीड़न हो रहा है। पुरुषों का विरोध कर उसका सामना करने की ताक़त स्त्रियों को जुटानी होगी। यहाँ, लोपामुद्रा केरल की स्त्रियों के लिए एक आदर्श है। गिव हर ए बिग हैंड।' भीड़ तालियाँ बजाने लगी।

उपहार के एक पैकेट के साथ निदेशक लोपामुद्रा के पास आये। 'साथियो, लोपामुद्रा के साहसी प्रतिरोध को साधुवाद देते हुए हमारी तरफ़ से उसके लिए एक उपहार। अपनी अदाकारी के बीच उसका चूड़ीदार जो फट गया था उसके बदले एक नया घाघरा।'

फिर से तालियों की गड़गड़ाहट।

लोपामुद्रा ने उपहार फेंक दिया। चार–पाँच बार देने पर भी उसने वही किया। सब उसे मनाने की कोशिश कर रहे थे। पर वह नहीं मानी। आख़िर पापा ने भी ज़ोर दिया—ले लो बेटी, एक अच्छे काम के लिए है न।' उसकी समझ में नहीं आ रहा था कि अच्छा काम क्या है। उसने माँ को घूरकर देखा। माँ ने भी आँखों से इशारा किया—'उपहार है, ले लो।'

इस बार निदेशक ने उपहार को उसके हाथ में जबरन थमा दिया। लोपामुद्रा की आँसू भरी आँखों में कैमरा के साथ देखते हुए निदेशक ने कहा—'यह दुःख के आँसू नहीं बल्कि आनन्द के आँसू हैं।'

दर्शकों ने ज़ोर–ज़ोर से तालियाँ बजायीं।

सहसा एक पुलिस जीप आकर भीड़ के बीचों–बीच ब्रेक लगा रुक गयी।

कोई दरवाज़ा खटखटा रहा है।

उसकी यादों की गति रुक गयी। उसने दरवाज़ा खोला। माँ थी।

'कार्यक्रम शुरू होने वाला है। देखना नहीं है क्या?' वह चुपचाप खड़ी रही। माँ ने उसे पकड़कर खींचा।

तू ये सब मज़ाक़ के रूप में क्यों नहीं ले रही? टी.वी. पर आना कोई मामूली बात है क्या? यह सिर्फ़ क़िस्मत है क़िस्मत।

कार्यक्रम देखने की लोपामुद्रा के मन में बिल्कुल इच्छा नहीं थी। पर उसके मन में एक जिज्ञासा थी कि उसे और उसके परिवार को टी.वी. पर कैसे दिखाया जायेगा। क्या उसकी निजता का खुलासा किया जायेगा?

माँ के साथ वह ड्राइंग रूम की तरफ़ चली। गंगा चैनल के सामने उत्सुक बैठे पापा ने कहा–'मुद्रा बेटा, इस विज्ञापन के बाद कार्यक्रम शुरू हो जायेगा।'

मॉनिटर पर एक जेलर है जो फाँसी के तख़्ते पर चढ़ने वाले युवक की अन्तिम इच्छा पूरी करने वाला है। किसी प्रेरणा से उसने अपनी हथेली चेहरे के पास लाकर फूँककर देखा। साँसों की बदबू। पेस्ट बदलने से भी फ़ायदा नहीं हुआ।

'लो शुरू हो गया', उत्साह से माँ आगे बढ़कर बैठ गयी। टाइटल के बाद उसने जब ख़ुद को मॉनिटर पर आते देखा तो ऐसा लगा कि शरीर पर कोई चालीसपद रेंग रहा है।

जब भी कोई फ़ोटो लेता, लोपामुद्रा अक्सर उससे छूटकर निकल जाया करती थी। शादी के एल्बम में कहीं भी वह दिखाई नहीं देती।

तभी लोपामुद्रा के मन में एक विचार आया। क्या व्यक्ति की सहमति के बिना उसे कैमरा में क़ैद करना सही है?

'देख, देख बहुत अच्छा लग रहा है।' कार्यक्रम का मज़ा लेते हुए माँ बोली।

बस वह अकेली खड़ी है। चारों ओर से यात्रियों का आना–जाना। गाड़ियों की आवाज़। पृष्ठभूमि में बड़े–बड़े मकान। एक मकान की ऊपरी मंज़िल के फ्लैट में पतंग की तरह हवा में उड़ने वाला सफ़ेद कपड़ा।

लाल पोशाक वाला। उसकी बिल्ली जैसी आँखें। उसके झूठमूठ प्रश्न। लोपामुद्रा का आक्रात्मक रवैया धक्का मुक्की...लोगों की टिप्पणियाँ। किसी अज्ञात भावनात्मक चिड़चिड़ेपन से लोपामुद्रा का शरीर काँपने लगा। एक झटके के साथ उसने देखा, उसकी फटी हुई कमीज़। हालाँकि उसने कमीज़ को कसकर पकड़ रखा है फिर भी उसका शरीर थोड़ा अनावृत हो रहा था। एक ओर से ब्रा का इलास्टिक बैंड दिख रहा है। उस नग्नता को क़ैद करने कैमरा उस ओर घुमाया जा रहा है।

लोपामुद्रा हाँफने लगी जैसे किसी ने उसका गला पकड़ रखा हो। फिर भी मॉनिटर से उसने आँखें नहीं हटायीं। बड़े ही दर्द और आश्चर्य के साथ लोपामुद्रा समझ गयी कि पापा का आक्रोश से भरा आगमन और उनका उस बिल्ली आँख वाले को मारना टी.वी. पर नहीं दिखाया गया है। उसके द्वारा उपहार फेंकना भी निकाल दिया गया है। सभी को लगेगा कि वह बड़ी ख़ुशी के साथ पुरस्कार ले रही है।

निदेशक की तरफ़ से एक घोषणा और जोड़ दी गयी है। निदेशक ने कहा कि अनियमित माहवारी और रक्तस्राव का इलाज करवाने के लिए ही लोपामुद्रा ब्लू डायमंड में पहुँची थी।

माँ और पापा से भी इतने दिन तक छुपायी गयी उसकी गोपनीय बातों का एक–एक कर खुलासा होते देख लोपामुद्रा का शरीर फिर से काँपने लगा। कुर्सी पर औंधा लेटकर उसने आँखें बन्द कर लीं।

मॉनिटर पर पुलिस जीप के अचानक ब्रेक की आवाज़। कार्यक्रम के अन्त की सूचना देने वाला शीर्षक गीत।

माँ पूछ रही थी–'इसका बाक़ी भाग अभी होगा क्या?'

पापा की आवाज़, 'वह इस चैनल में होगा?'

'तो दूसरा चैनल बदलकर देखो।'

लोपामुद्रा धीरे–से उठी। अब और सहा नहीं जायेगा। आहिस्ता–आहिस्ता वह कमरे की तरफ़ बढ़ी। दरवाज़ा बन्द कर बिस्तर पर गिर पड़ी।

हालाँकि वह पूरा शरीर ढँककर लेट गयी थी फिर भी पुलिस जीप का सायरन और ब्रेक लगाने की आवाज़ उसके कानों में गूँज रही थी। वे यादें जिन्हें वह हमेशा के लिए भूल जाना चाहती थी, लाख कोशिश करने के बावजूद उसके मन–मस्तिष्क में उभरकर आती रहीं।

जीप से बाहर निकले चार–पाँच पुलिस वालों ने पलभर में गंगा चैनल वालों और लोपामुद्रा के परिवार को घेरा। आइडेंटिटी कार्ड दिखाने से भी कोई फ़ायदा नहीं हुआ। कैमरामैन को पकड़कर सर्किल इंस्पेक्टर गरजने लगा–'खुली सड़क पर ब्लू फ़िल्म बना रहे हो साले?'

एक निर्दयी पुलिस वाले ने लोपामुद्रा के पापा पर लाठियाँ बरसायीं। 'साले, तू बेटी को व्यभिचार के लिए लेकर आया है? जाके भीख माँगकर जी ले हरामी।'

मुँह तक खोलने में असमर्थ हक्के–बक्के खड़े पापा को लोपामुद्रा ने देखा। उस दृश्य को देखने के लिए आगे आये पुलिसकर्मी ने उसकी फटी हुई कमीज़ की धज्जियों के अन्दर से उसके शरीर को छूने की कोशिश की। 'सुबह–सुबह बन–ठन के आयेगी? शिकार को पकड़ने। अगर जीने का कोई रास्ता नहीं तो मर क्यों नहीं जाती?'

सर्किल इंस्पेक्टर ने आज्ञा दी, 'चलो सब जाकर जीप में बैठो। पुलिस स्टेशन चलेंगे। इम्मोरल ट्राफिक के लिए सबको हिरासत में लेंगे।'

सब घबराये खड़े रहे। तभी ठहाका मारकर हँसते हुए सर्किल इंस्पेक्टर ने अपनी जेब से आइडेंटिटी कार्ड निकालकर दिखाया।

'हम यमुना चैनल से हैं।'

अन्य पुलिस वेशधारियों ने भी अपने–अपने कार्ड निकालकर दिखाये।

उसी वक़्त उन दृश्यों को जीप में बैठकर गुपचुप तरीक़े से शूट करने वाला युवक भी जीप से कैमरा घुमाते हुए बाहर निकल आया। दर्शक उत्साहित होकर तालियाँ बजाने लगे। अपनी शर्मिन्दगी छुपाने के लिए गंगा चैनल वाले भी तालियाँ बजाने लगे।

माइक्रोफ़ोन उठाकर सर्किल इंस्पेक्टर बोलने लगा, 'साथियो, आपदा के समय साहस कैसे दिखायें इस विषय पर हम लोग एक फ़ीचर फ़िल्म कर रहे हैं। समाज के विभिन्न क्षेत्र के लोग जोखिमों का कैसे सामना करते हैं इसका फिल्मांकन मनोवैज्ञानिकों की टिप्पणियों के साथ हम कर रहे हैं। इस शूटिंग में हिस्सा लेने वाले गंगा चैनल वालों को और असाधारण अभिनय कुशलता और साहस दिखाने वाले इन तीन सदस्यों वाले परिवार को हमारी तरफ़ से बहुत–बहुत बधाई। यमुना चैनल की तरफ़ से एक छोटा–सा उपहार–डी.एन.जी. की एक दर्जन पैंटीज, एक दर्जन ओनाटिन सेनेटरी नैपकिन इस कहानी की नायिका लोपामुद्रा के लिए।

लोगों का ताली बजाना जारी रहा।

बार–बार मजबूर करने के बावजूद उपहार लेने से लोपामुद्रा ने मना कर दिया। सर्किल इंस्पेक्टर वेशधारी ने कहा–'लड़की शर्माती है। इसलिए माँ यह उपहार स्वीकार कर ले।' फिर से तालियाँ।

उपहार लेकर जाने को तैयार परिवार को चैनल वालों ने रोक दिया।

'आप लोग बस में मत जाइएगा।'

चैनल वालों ने उनके लिए एक टैक्सी का इन्तज़ाम कर दिया। लोपामुद्रा ने महसूस किया कि माँ और पापा अप्रत्याशित रूप से मिली आरामदायी यात्रा का मज़ा ले रहे हैं। पर वह चारों ओर नज़र दौड़ाती रही जैसे काँटों के ऊपर बैठी हो। अब इस यात्रा को भी तो कोई कैमरा में दर्ज नहीं कर रहा? नाक में खुजली हो रही थी, पर अपनी नाक को खुजलाने में भी वह हिचक रही थी।

दुपट्टे से उसने शरीर को ढँक लिया था, बावजूद इसके अपनी फटी कमीज़ को वह कसकर पकड़े हुए थी। उसे भय था कहीं यात्रा के दौरान ड्राइवर अपना आइडेंटिटी कार्ड दिखाकर उन्हें चकित तो नहीं कर देगा।

रात में खाने के समय चावल का एक भी दाना उसके गले से नीचे नहीं उतर रहा था। माँ की आँख चुराकर सारा खाना उसने कूड़ेदान में फेंक दिया।

बिस्तर पर लेटते वक़्त पलक झपक नहीं पा रही थी। अंगडाइयाँ लेती रही। शाम के कार्यक्रम के दृश्य एक के बाद एक उसके मन में आते रहे और उसकी नींद में ख़लल डालते रहे। सुबह–सुबह ज़रा–सी आँखें झपकीं, तब अपने आपको ख़ून से लथपथ देखकर लोपामुद्रा चिल्लाते हुए जाग उठी।

फिर वह सोने से भी कतराने लगी। सुबह–सुबह पापा को बाहर जाते हुए उसने सुना। तभी माँ ने दरवाज़ा खटखटाया। 'बिटिया, उठती क्यों नहीं?' उसने दरवाज़ा खोला।

'चेहरा क्यों उतरा–उतरा–सा लग रहा है? ठीक से सोयी नहीं?'

फिर से बिस्तर की ओर जाने वाली बेटी को देखकर माँ ने पूछा– 'क्या तुम्हें आज कॉलेज नहीं जाना है?'

'नहीं।'

'ब्लीडिंग है?'

'हाँ।'

'तो आराम कर लो। मुझे आज भी देर हो गयी।'

माँ का ऑफ़िस दूर होने के कारण ऑटो से जाती है। फिर भी हमेशा देर हो जाती है।

थोड़ी देर बाद माँ फिर आयी–

'दरवाज़ा बन्द कर ले। कैसरोल में खाना रखा है। चाय भी बनाकर रखी है।'

बैग लेकर जल्दी–जल्दी निकलते वक़्त माँ ने कहा, 'अगर ज़रूरी है तो मैं दोपहर को आ जाऊँगी।'

'नहीं।'

हमेशा से विपरीत लोपामुद्रा ने दौड़कर माँ के गालों को चूमा। फिर अपनी माँ को गेट से ओझल होने तक देखती रही।

दरवाज़ा बन्द करने के बाद जैसे कुछ ठान चुकी हो, वह रसोई की तरफ़ चली।

खाने से भरे बर्तन उसे पुकारने लगे। उसने उस तरफ़ ध्यान नहीं दिया।

उसने रसोई की खिड़की खोली और बाल्टी से पानी खींचने वाली रस्सी बड़ी मुश्किल से निकाल ली। 'अब इस दुनिया का सामना करने का साहस मुझमें नहीं है–रस्सी लेकर चलते वक़्त लोपामुद्रा ने मन में कहा।

उसने सारे दरवाज़े और खिड़कियाँ बन्द कर दिये। खिड़की की दरारों में और रोशनदानों में कपड़ा और काग़ज़ भर दिया। कील के छेदों में भी उसने काग़ज़ ठूँस दिया। हवा को भी पता नहीं होना चाहिए, लोपामुद्रा ने सोचा। ख़ुदकुशी है। दुनिया में सबसे अधिक गोपनीयता इसके लिए चाहिए। दुनिया के किसी जीव को भी पता न चले। एक छिपकली भी न दिखे...मक्खी तक आवाज़ न निकाले।

बिस्तर के ऊपर कुर्सी और उसके ऊपर एक स्टूल रखा गया। बड़ी सावधानी से उसने रस्सी को पंखे के हुक से बाँधा। रस्सी के दूसरे छोर पर फन्दा बनाने के बाद उसने दो–तीन बार उसका निरीक्षण किया। रस्सी मज़बूत है, इसलिए काम जल्दी हो सकता है।

कुर्सी के ऊपर रखे स्टूल पर लोपामुद्रा चढ़ गयी। फन्दा गले में डाला। धीरे–से गाँठ कस ली। मन में काफ़ी रिहर्सल लेने के कारण कहीं भी नहीं चूकी। स्टूल हटाने से पहले का पल...वह ध्यान निमग्न हो गयी...अपनों के चेहरे दिल में उभर आये। धीमी आवाज़ में उसके

होंठों से निकला, माँ...पापा मुझे माफ़ कीजियेगा...उस एक पल में पिछले उन्नीस साल के अनुभव और लोग लोपामुद्रा के दिल में एक साथ आकर चिल्लाने लगे।

बिना किसी दया के स्टूल को झटककर गिराने के लिए लोपामुद्रा ने अपना दाहिना पैर उठाया कि अचानक एक आवाज़ सुनकर वह चौंक गयी। यह मेरी कल्पना नहीं हक़ीक़त है।

उसने कान लगाकर सुना कि आवाज़ किधर से आ रही है। कमरे के कोने के कंक्रीट के खम्भे से ही आवाज़ आ रही थी।

अगले ही पल भयानक आवाज़ के साथ कंक्रीट का खम्भा टूटकर चूर–चूर हो गया। खम्भे से एक भयानक प्राणी बाहर निकल आया। मनुष्य के शरीर और शेर के सिर वाला एक अजीब जानवर। बालों से उसका आधा चेहरा ढँका हुआ था। डर से भी परे किसी भावना से लोपामुद्रा ने उस प्राणी को देखा। यक़ीन नहीं होता। आँखें रगड़–रगड़कर बार–बार देखा। जानवर नहीं, पर मनुष्य भी नहीं। उस मानव पशु के कन्धों पर एबनार्मल ग्रोथ की तरह दो वीडियो कैमरा। जोड़े गये नहीं, बल्कि आँखों की तरह स्वचालित। चार हाथ...हाथों में इलेक्ट्रॉनिक उपकरण और एक उपहार का पैकेट भी।

अत्यन्त बीभत्स हँसी के साथ एक आइडेंटिटी कार्ड उठाकर माइक्रोफ़ोन लोपामुद्रा की तरफ़ बढ़ाकर और दूसरा माइक्रोफ़ोन अपने चेहरे की ओर घुमाकर चौथे हाथ से उपहार का पैकेट देते हुए विकृत आवाज़ में नरसिंह ने कहा–

'आप ज़रा भी डरिए मत। मैं सरस्वती चैनल से हूँ। बढ़ती ख़ुदकुशियों के बारे में एक विशेष फ़ीचर शूट कर रहा हूँ, उसी के सिलसिले में है यह। ख़ुदकुशी करने से पहले आप एक साक्षात्कार देने की कृपा करें। उसके बाद आपकी ख़ुदकुशी का live टेलीकास्ट तीनों लोकों में हम प्रसारित करेंगे। पहला प्रश्न...'

फन्दे से सर निकाले बिना लोपामुद्रा सोच रही थी कि पहले प्रश्न का सामना कैसे करे? उसे लगा कि शरीर से पसीना छूट रहा है।

उसने देखा पसीना नहीं बल्कि ख़ून टपक रहा है। रोम–रोम से टपकने वाली ख़ून की बूँदें बड़ी होती जा रही हैं।

लोपामुद्रा के शरीर से हज़ारों ख़ून की नदियाँ बहने लगीं।

मूर्ति और मक़बरा

जब मार्पापा ने अपने लिए एक मक़बरा बनाने का प्रस्ताव रखा तो माइकल एंजेलो को जैसे विश्वास ही नहीं हुआ। काफ़ी देर तक वह अवाक् खड़ा रहा।

रोमन नगर पास एक अंगूर के बगीचे में मिट्टी की जुताई करने वाले मज़दूरों को संयोगवश विख्यात 'लावोक्कून' मूर्ति मिली थी। इस घटना की ख़बर मिलते ही सभी कलाप्रेमी वहाँ पर एकत्र हुए। जल्दी ही पहचान लिया गया कि यह प्लीनी* के प्राचीन लेखों में वर्णित मूर्ति है। कलाप्रेमी जूलियस मार्पापा द्वितीय भी बिना किसी घोषणा के बगीचे में पहुँच गये। उस अनुपम मूर्तिकला से आकृष्ट होकर मार्पापा ने 60 ड्यूकाट* मूल्य देकर उसे हासिल किया।

इसके बाद पूरे रोम शहर में प्राचीन मूर्तियों की खोज की जाने लगी। मूर्तिपूजकों के देवता, जल कन्याएँ, अन्य पौराणिक पात्र आदि मिट्टी से उभरकर आये। बरामद की गयी मूर्तियों से आकृष्ट मार्पापा ने सांगलोव नामक एक बढ़ई को बुलाकर पूछताछ की कि इटली में ऐसी मूर्तियाँ बनाने लायक कोई शिल्पी अब ज़िन्दा है क्या?

'सीढ़ियों पर बैठी वेर्जिन माँ' अचानक कुछ याद करके बढ़ई ने तुरन्त कहा–'हाँ एक व्यक्ति है...नाम है माइकल एंजेलो।'

इस तरह माइकल एंजेलो रोम पहुँचकर मार्पापाओं के मूर्तिकार बन गये। रोम पहुँचने के तुरन्त बाद माइकल एंजेलो प्राचीन ग्रीक मूर्तियों के

---

* (प्लीनी–विश्व इतिहास में विश्व कोष लिखने वाले पहले बिद्वान्।)

* (ड्यूकाट–एक सोने का सिक्का जो पहले अधिकांश यूरोपियन देशों में प्रचलित था।)

अध्ययन में लग गये। पर मार्पापा ने उनसे अपना मक़बरा बनवाने का आग्रह प्रकट किया।

मक़बरा निर्माण में अपनी मूर्तिकला की कुशलता दिखाने की काफ़ी सम्भावनाएँ तो थीं, मगर किसी कारणवश एक भारी बेचैनी माइकल के दिमाग़ को जकड़ने लगी थी।

थोड़े दिनों के बाद ही माइकल एंजेलो ने मक़बरे की एक रूपरेखा मार्पापा के सामने प्रस्तुत की। 36 फ़ीट ऊँची, 36 फ़ीट लम्बी और 24 फीट चौड़ी तथा एक शीर्ष सहित सुन्दर रूपरेखा। उसमें चारों तरफ़ से पत्थर की सीढ़ियाँ थीं। शीर्ष पर 36 मूर्तियाँ। ठीक मध्य में, भविष्य में मार्पापा के भौतिक अवशेषों को जमा करने की एक पेटी। रूपरेखा से ही पोप ने महसूस किया कि मक़बरा बेहद शानदार होगा। कैरेरा* के संगमरमर की खान से पत्थर लाने और मक़बरा निर्माण शुरू करने का आदेश मार्पापा की ओर से दिया गया।

विटोरिया कोलोना* बिस्तर से उठी। कान लगाकर ध्यान दिया कि बैठक से कोई आवाज़ आ रही है कि नहीं। जैसे ही वह आईने के सामने आयी तो पाया कि उसने चमकीले लाल रंग की कमीज़ पहनी हुई है। अचानक किसी विचार से उसने उस कमीज़ को उतार दिया। फिर पैरों तक लम्बा एक नीला कोट पहना। उसने सोचा कि इस समय नीला रंग ही उपयुक्त रहेगा। आईने में अपने–आप को देखकर उसने सोचा कि नीला रंग दिमाग़ को ठण्डा करेगा। आईने में देखने पर उसने पहली बार ध्यान दिया कि ज़माने की चोटें उसके चेहरे पर कई निशान और खरोंच बनकर दिखने लगी हैं, दिल ही दिल वह काँप उठी।

आईने के सामने से सहसा हटकर विटोरिया बेडरूम की तरफ़ चली।

माइकल एंजेलो उसी तरह बैठा था निश्चेष्ट और किसी चीज़ को घूरता हुआ। आधा घण्टा पहले स्तब्ध और परेशान होकर वह ऊपर आया था और फिर गूँगे की तरह मूक होकर अपनी कुर्सी पर धँस गया था।

विटोरिया ने उस प्याले को देखा जिसे थोड़ी देर पहले उसने भरकर रखा था। वह हिला तक नहीं था। उसके पीछे जाकर विटोरिया ने ध्यान

---

* कैरेरा–मध्य इटली के तस्किन में एक नगरी है।

* विटोरिया कोलोना इटली की एक कवयित्री थी। वह माइकल एंजेलो की प्रेमिका थी और उनकी प्रेम कविताओं को प्रेरणा देने वाली एकमात्र महिला थी।

से देखा कि वह किसको घूर रहा है। उसे उस नीली पेंट वाली दीवार पर कुछ ख़ास नज़र नहीं आया।

जब उसने बड़े प्यार से माइकल को देखा तो पाया कि उसके सर का पिछला हिस्सा भूरा हो चूका है। बुढ़ापे से होकर गुज़रने वाले लोग हमेशा अपने भूतकाल को ही घूरते रहते हैं। बड़ी दया के साथ वह माइकल एंजेलो के कन्धे पर हाथ रखने ही वाली थी, पर उसने अपना हाथ वापस ले लिया। उसने पाया कि उन बेजान आँखों में अब उसका रूप दर्ज नहीं है, इसलिए वह अपने शयनकक्ष में वापस चली आयी, यह सोचकर कि माइकल को थोड़ी देर और अकेला छोड़ना चाहिए।

पोप ने सेंट पीटर्स चर्च के निकट एक विस्तृत बासिलिका* बनाने और उसके अन्दर एक मक़बरा बनाने की योजना में संशोधन किया। बासिलिका का निर्माण कार्य उन्होंने सांगलोव* और राफेल* के दोस्त ब्रोमोंथो* को सौंप दिया।

जैसे ही बासिलिका का काम चल रहा था एक दिन ब्रोमोंथो अकेले मार्पापा के सामने आया। उसने गुप्त रूप से मार्पापा को समझाया कि अपने जीवनकाल में ही स्वयं अपना मक़बरा बनवाना अत्यन्त अनुचित और ख़तरनाक कार्य है। ब्रोमोंथो की बातें सुनकर मार्पापा का सारा जोश ख़त्म हो गया इस तरह मक़बरे का काम रुक गया। माइकल एंजेलो का सामना करने से मार्पापा कतराने लगा। यहाँ तक कि एक दिन उनसे मिलने आये माइकल को पोप ने एक सैनिक से कहकर वेटिकन महल से बाहर करा दिया था। अत्यन्त क्रुद्ध माइकल मार्पापा को यह सन्देश देकर अपनी मातृभूमि की ओर रवाना हुआ कि 'अगर मेरी आवश्यकता है तो रोम के बाहर मेरा पता लगा ले।'

मार्पापा को इसकी उम्मीद नहीं थी। उन्होंने माइकल के पीछे एक दूत को भेजा। पर माइकल एंजेलो नहीं माना। ज़िद्दी मार्पापा फ्लोरेंस पहुँचे। माइकल को रोम लौटाने के लिए वहाँ के निगम को आज्ञा दी और मजबूर होकर माइकल को रोम वापस आना ही पड़ा।

---

* बासिलिका–वे बड़ी और उल्लेखनीय इमारतें हैं जिनका उपयोग धर्म के प्रसार के लिए किया जाता है।
* सांगलोव–इटली के कलाकार।
* राफेल–इटली के महान चित्रकार और वास्तुशिल्पी।
* ब्रोमोंथो–इटली के वास्तुकार।

विटोरिया को लगा कि बैठक से कुछ आहट सुनाई दे रही है। जल्दी से उठकर उसने कान लगाया। जब उसने आईने में ख़ुद को देखा तो लगा कुछ अधिक मनभावन रंग ही बेहतर होगा। उसने नीली पोशाक उतार दी और बहुत सारी गाँठों वाली पीली पोशाक पहनी। माइकल के सामने रखे प्याले को ख़ाली पाकर उसने शान्ति महसूस की। प्याले को फिर से भरकर वात्सल्य भरी आँखों से उसने माइकल को देखा। उसके चेहरे की क्रोध की झुर्रियाँ फीकी पड़ने लगी थीं, फिर भी यह महसूस करते हुए कि माइकल को थोड़ी देर के लिए एकान्त की ज़रूरत है, वह चुपचाप वापस चली गयी।

रोम लौटने पर मार्पापा ने माइकल को अपनी एक बड़ी मूर्ति बनाने का आदेश दिया था। मक़बरे के बारे में उन्होंने ज़िक्र ही नहीं किया। मार्पापा के ऐसे असाधारण व्यवहार से माइकल अब तक भली–भाँति परिचित हो चुका था। कुछ अजीब विशेषताओं के कारण मार्पापा द्वितीय अन्य पोप से काफ़ी भिन्न थे। वे युद्ध–लालची थे। वे स्वयं सेना को लेकर शत्रु के खेमे में जाया करते थे। दाहिने हाथ में सदा एक तलवार रखते थे। हर बार जब तलवार से ख़ून बहा तो ख़ुशी और गर्व से उनका मन झूम उठा।

मार्पापा की मूर्ति बनाने का काम माइकल एंजेलो ने शुरू किया। कुछ ही दिनों में मिट्टी में एक साँचा बन गया। मार्पापा का दाहिना हाथ आशीर्वाद देने की मुद्रा में भव्य रूप से आकाश की ओर ऊँचा उठा हुआ था। बायाँ हाथ बस नीचे लटका रहा। जब वह दृश्य अप्रिय लगा तो माइकल ने मार्पापा से कहा–

'मूर्ति के बायें हाथ में कुछ चाहिए।'

'क्या चाहिए?'

'एक पुस्तक हो तो अच्छा रहेगा।'

'पुस्तक? वह क्यों? 'उद्वेग के साथ मार्पापा ने पूछा।

'पुस्तक के बारे में मैं कुछ नहीं जानता। मेरे बायें हाथ में एक तलवार काफ़ी है। एक तेज़ तलवार।'

इस तरह तलवारधारी मार्पापा की विशाल मूर्ति का जन्म हुआ।

एक दिन एकान्त में, मूर्ति के अनावरण के समय से लेकर मन में आयी एक शंका के बारे में मार्पापा ने माइकल से पूछा–

'तुम्हारी यह मूर्ति है न, यह क्या अपने दाहिने हाथ से लोगों को आशीर्वाद देती है या उनको श्राप दे रही है? हक़ीक़त क्या है?'

दिल से फूटी मुस्कान को लगभग छुपाकर विनम्र होकर माइकल ने जवाब दिया–

'परमपूज्य पिता, आप न तो श्राप दे रहे हैं और न आशीर्वाद। बायें हाथ में तलवार लेकर आप उन लोगों को धमका रहे हैं जो आपके क़ाबू में नहीं आ रहे।'

विचारों के गहरे भँवर में गिरकर जब काफ़ी अस्वस्थ महसूस हुआ तो विटोरिया बिस्तर से उठ बैठी। बैठक से आ रही कुर्सी की आवाज़ उसने पहचान ली। विटोरिया ने चैन की साँस ली, जैसे कि अचानक रोशनी फैल गयी हो। उसके दिमाग़ में एक नया विचार कौंधा। अलमारी की दराज से उसने एक विशेष पोशाक निकाली। बहुत सारी प्लीट्स, फ्रिंज और मोतियों से सिली हुई एक लम्बी कमीज़। पीली कमीज़ को उतारकर धीरे–से उसने वह पोशाक पहनी। आईने में देखा कि वह बहुत सुन्दर लग रही थी। अपने–आप को भरी पंखुड़ियों वाले सफ़ेद गुलाब की तरह महसूस किया। विटोरिया चाहती थी कि स्तन–दूध का रंग माइकल को पूरी तरह शान्त करे। उसने माइकल के प्याले को शराब से भर दिया माइकल का क्षुब्ध चेहरा सामान्य हो गया था।

उसके सामने कुर्सी सरकाकर उस पर बैठने के बाद विटोरिया ने पूछा–

'आपको यह क्या हुआ है? इतनी घबराहट के साथ दौड़ते हुए क्यों आये थे? सचमुच मैं चौंक पड़ी थी।'

अपनी निरीह आँखों से माइकल ने विटोरिया को देखा। कुछ पल बाद टूटी हुई आवाज़ में माइकल ने पूछा–

'क्या मेरा चेहरा जल्लाद जैसा दिखता है?'

आश्चर्य भरी मुस्कान के साथ विटोरिया ने अपना चेहरा उठाया–

'आप तो ईसा मसीह के समान हैं। ईसा की तरह आप भी दुष्टों को दबाकर ग़रीबों को ऊपर उठाते हैं।'

एक फीकी मुस्कान के साथ माइकल ने कहा–

'कोलोना, तुम हमेशा यही कहती हो। पर दुनिया के सामने मैं एक जल्लाद हूँ।'

'माइकल एंजेलो का अर्थ है भगवान का दूत। सच्चे कलाकार भगवान के दूत होते हैं। वह मृत्यु के संरक्षक कभी नहीं होते। वह इस पूरी दुनिया का प्रकाश हैं। किस नीच ने आपको जल्लाद कहा है?'

कुछ देर बाद आहें भरते हुए माइकल ने कहा–'राफेल।'

अचानक जैसे वज्रपात लगा हो, वह चुप हो गयी।

रोमन गलियों की हलचल में उस दिन अपने चमड़े के जूते टूट जाने से चलने में असमर्थ खड़ा था माइकल एंजेलो। समझ में नहीं आ रहा था कि क्या करे, तभी गली की दूसरी तरफ़ से किसी जुलूस का शोर सुनाई पड़ा। गली अचानक अनुशासित हो गयी। हलचल शान्त हुई। जुलूस के पास आते ही माइकल एंजेलो ने पहचाना कि सभी प्रकार के वैभव और आडम्बर के साथ सामने आने वाला दुनिया का सबसे ख़ूबसूरत चित्रकार राफेल था। अनुरक्षण के लिए कलाकारों और परिचारकों का एक बड़ा समूह भी था। सड़क पर खड़े लोगों, विशेषकर युवतियों ने सम्मान व प्रशंसा भरी आवाज़ से पुकारा–'राफेल... राफेल...!'

सड़क के दोनों तरफ़ खिलती आँखों से खड़े लोगों की तरफ़ मुस्कुराते हुए अभिवादन कर राफेल आगे बढ़ा। माइकल एंजेलो को वहाँ देखकर आश्चर्य के साथ राफेल रुक गया। मित्रता भरे लहजे में माइकल एंजेलो चार फ़ीट आगे बढ़कर उसके पास पहुँचा। होंठों पर उपहास भरी मुस्कान के साथ माइकल ने पूछा–'कलाकार का आगमन सेनानायक के समान लग रहा है।'

राफेल को वह उपहास बिल्कुल अच्छा नहीं लगा। तुरन्त राफेल ने जवाब दिया। 'आपको देखकर लग रहा है जैसे फाँसी के तख़्त की ओर जाने वाले जल्लाद हो।' माइकल को लगा जैसे किसी ने उसके मुँह पर तमाचा मारा हो।

अनुरक्षक और दर्शक खिलखिलाकर हँस पड़े। धूल का गुबार उठाते हुए जुलूस आगे बढ़ा। माइकल को लगा कि वह गहरी खाई में ज़िन्दा धँसता जा रहा है। टूटे जूते को सड़क पर छोड़कर कीचड़ से सने अपने पैरों को खींचता वह विटोरिया के घर पर पहुँचा था।

राफेल ख़ुशक़िस्मत कलाकार था। जूलियस द्वितीय मार्पापा ही राफेल को रोम लाये थे। वेटिकन महल के कमरों में भित्तिचित्र बनाने

का काम राफेल को सौंप दिया गया। उसके बाद उसे सांगीयोवानी चर्च* में चित्र बनाने का ठेका मिला। पर माइकल एंजेलो लगभग चार दशक तक एक मक़बरे के निर्माण कार्य में घिरा रहा और इस काम में उसे कई कठिनाइयाँ भी झेलनी पड़ी थीं। मक़बरे का निर्माण जो जूलियस द्वितीय के समय शुरू हुआ था, लियो दसवें, क्लेमेंट सातवें, एड्रियन आदि मार्पापाओं के समय में भी जारी रहा। आख़िर पॉल तीसरे मार्पापा के काल में ही उसका निर्माण लगभग पूरा हो गया था। दूसरी ओर दुनिया और काल को सुन्दर तरीक़े से अंकित कर राफेल सबका प्रीतिभाजन बन गया था। माइकल एंजेलो के चित्रों में मन की बेचैनी चित्रित हुई तो राफेल ने हमेशा सतही सुन्दरता पर ही ध्यान दिया था। इसीलिए लोग जल्दी आकर्षित हुए और उनकी स्वीकृति भी बढ़ी। व्यवहार में भी राफेल अलग था। अपनी सुन्दरता और वाक्पटुता से राफेल सबका विशेषकर स्त्रियों और अधिकारियों का पसन्दीदा साथी बन गया। युवा कलाकारों की तारीफ़ करने के लिए बहुत सारे लोग होते थे, इसी वजह से उसके पीछे हमेशा अनुयायियों की भीड़ लगी रहती थी। एकाकी, मितभाषी, लज्जाशील माइकल एंजेलो ने किसी के साथ दोस्ती नहीं बढ़ायी। उसका स्त्रियों से कोई लेन–देन नहीं था, बुद्धिजीवी और विधवा विटोरिया कोलोना को छोड़कर। पर उसके साथ भी उसके रिश्ते में सेक्स का स्पर्श बिल्कुल नहीं था।

विटोरिया की ही तरह माइकल एंजेलो ने भी कई कविताएँ लिखीं। माइकल एंजेलो की कविताओं में अधिकतर प्रणयगीत थे। वे सब तोम्मासो दि कवालियेरी नामक एक युवक के बारे में थे। उसके साथ माइकल का शारीरिक सम्बन्ध था।

राफेल का आक्रोश और कीचड़ भरे पैरों से अपना पलायन याद कर अपराध–बोध से माइकल एंजेलो ने कहा–

'कोलोना, मैंने कई कठपुतलियाँ बनायीं। पर उससे क्या फ़ायदा हुआ? महासागर को पार करने के बावजूद दल–दल में फँसकर मरा हुआ आदमी हूँ मैं। हाय! कलाकार बनने के बजाय गन्धक से माचिस की डिबिया बनाने वाला एक आदमी होता तो कितना अच्छा होता।'

---

* सांगीयोवानी चर्च–इटली का एक चर्च।

विटोरिया ने उसे दिलासा दिया।

'दुनिया धीरे–धीरे ही चीज़ों को समझेगी। आप कृपया धीरज रखिए।'

कठिन मानसिक पीड़ा के साथ माइकल एंजेलो बोला–

'मैंने अपनी कल्पना में जो कुछ भी देखा, उनकी उसी तरह नक़ल करने में मैं असमर्थ रहा। मैंने अपने काम की वर्णमाला तक नहीं सीखी।'

विटोरिया ने हस्तक्षेप किया।

'आप इस ब्रह्माण्ड के सबसे महान कलाकार हैं। अपने–आप को इतना छोटा मत समझो। आपने जो क़िले बनाये हैं वे अब भी मातृभूमि को शत्रुओं से बचा रहे हैं न? आपको सुकून मिलने के लिए बस ये ही काफ़ी हैं। और भी कितनी मूर्तियाँ और पेंटिंग्स।'

हौसला बनाये रखने के बजाय माइकल की रुलाई फूट निकली और वह ज़्यादा उतावला हो गया।

'हाँ...हाँ मैं बहुत कुछ करने लगा था। मगर कुछ भी पूरा न कर पाया। अपनी ज़िन्दगी का सिंह बाग़ मैंने एक अधूरे मक़बरे के लिए ख़ामख़्वाह गँवा दिया, मैं एक कलाकार नहीं हूँ। मृत्यु का संरक्षक हूँ। जल्लाद! मैंने अपना जीवन व्यर्थ कर दिया है। मैं मरना चाहता हूँ।'

शोक और क्रोध को सहने में असमर्थ होकर भीतर से फूटी रुलाई के साथ विटोरिया कुर्सी से उठकर सामने आयी। बच्चों को डाँटने की आवाज़ में वह बोली–

'ऐसी बेहूदा बातें मत किया करो। इसे मैं और नहीं झेल सकती। आप मृत्यु के संरक्षक नहीं, बल्कि एक अमर कलाकार हैं। देवदूत हैं.... देवदूत।'

अचानक वह ज़मीन पर घुटने टेककर बैठी और फिर माइकल एंजेलो की दाहिनी उँगलियाँ पकड़कर चूमते हुए बोली, 'आप ईसा मसीह की तरह हो। अनश्वर और अमर।'

ढलने वाली धूप की तरह एक फीकी मुस्कान के साथ माइकल एंजेलो ने कहा–

'थोड़ी देर पहले सड़क पर मैं आधा मर चुका था राफेल के सामने।'

क्रोध से विटोरिया उठ खड़ी हुई।

'हमेशा राफेल! राफेल! राफेल की बात छोड़ो आप। उसने वेटिकन चैपल में जो भी चित्र बनाये थे वे सब 'सिस्टीन' पैलेस में आपके

द्वारा खींची गयी तस्वीरों की पुनःप्रतियाँ ही थीं न। राफेल का 'साक्ष्यदान' किसकी अनुकृति है? उसने अपने दम पर अब तक किया क्या है? उसे महान कलाकार नहीं बल्कि महान लावक कहना चाहिए। बीज बोने वाला एक और काटने वाला कोई और।''

थोड़ी देर किसी विचार में मग्न रहने के बाद विटोरिया ने आगे कहा–

'अधिकारियों के साथ समझौता व सुलह करके, अनुचर–वृन्दों की सृष्टि करके तथा सतही सुन्दर चित्र बना कर कोई भी व्यक्ति लोकप्रिय बन सकता है या सार्वभौमिक मान्यता प्राप्त कर सकता है। पर क्या अनन्तकाल तक वह चिरस्थायी रहेगा? महल की विशाल सम्पत्ति का उपयोग जनता के कल्याण के लिए करने के बजाय जूलियस द्वितीय मार्पापा ने भी अपना मक़बरा और मूर्ति बनाकर सबको राख कर देने वाले समय को पार करना चाहा था। आपसे एक बात पूछूँ? मार्पापा ने मक़बरे का काम रुकवाकर मूर्ति बनाने को क्यों कहा था?'

ज़रा भी सन्देह के बिना माइकल ने कहा–

'ब्रोमेंथो का षड्यन्त्र...और नहीं तो क्या? राफेल का जिगरी दोस्त था ब्रोमेंथो। तभी तो मार्पापा ने मक़बरे के निर्माण में से अपनी दिलचस्पी खो दी।'

थोड़ी देर विराम के बाद विटोरिया ने कहा–

'वह एक छोटा–सा कारण हो सकता है। पर असली बात तो कुछ और है। मक़बरे का निर्माण शुरू होते ही शायद मार्पापा के मन में अपनी मृत्यु का आभास हुआ होगा। सब कुछ तहस–नहस करके मृत्यु की ओर बढ़ने वाले समय को कौन रोक सकता है! बुढ़ापे को, मृत्यु को कोई रोक सकता है भला? मार्पापा यह काम कर सकता है क्या?'

सर हिलाकर माइकल एंजेलो बोला 'नहीं।'

यह सुनकर काल को चुनौती देने वाली हँसी के साथ विटोरिया ने कहा–

'कर सकता है। सिर्फ़ कलाकार कर सकता है। मूर्ति का निर्माण इसका एक रास्ता है। जूलियस द्वितीय के जीवन के प्रवाह को एक पल के लिए रोको। इस तरह मौत पर क़ाबू पाओ। इसीलिए ही जाने–अनजाने मार्पापा ने अपनी मूर्ति के निर्माण की ओर रुख किया।'

उस नयी जानकारी के मिलने से माइकल एंजेलो दंग रह गया था। उसके दोनों हाथों को पकड़कर उसके क़रीब खड़े होकर विटोरिया ने जोड़ा–

'देखो, हमारे शरीर में भी समय के घाव दिखाई देने लगे हैं। मेरे पास अब ज़्यादा वक़्त नहीं है। पर आप एक बात जान लें, आप कभी नहीं मरेंगे। अनन्तकाल तक आप ईसा मसीह की तरह अमर रहेंगे।'

अचानक एक बड़ी ही सुखद याद में विटोरिया ने ज़ोर से कहा–

'ओह, मैं बताना ही भूल गयी। असल में आपके आते ही मैं यह कहने को आतुर हो रही थी। कल सुबह बाज़ार से मैंने आपके लिए एक तोहफ़ा ख़रीदा था। क्या मैं उसे लाऊँ?'

ख़ुशी के साथ माइकल एंजेलो ने सर हिलाया। फिर बड़ा ही प्रसन्नचित्त होकर बेसब्री से इन्तज़ार करने लगा। अपने शयनकक्ष से उपहार लेकर विटोरिया भाग कर आयी। उसने झट से उस उपहार को माइकल एंजेलो की तरफ़ बढ़ाया।

बहुत ही बढ़िया चमड़े के जूते।

एक अविश्वसनीय कहानी

फ़ैसल को मैं याद नहीं कर पाया। कोई ख़ास यादगार बात न हो तो क़रीब दस–बारह साल पहले कॉलेज छोड़कर जाने वाला छात्र स्वाभाविक रूप से अध्यापकों की यादों से भी अलविदा कह चुका होता है। इसीलिए जब सुना कि फ़ैसल आया है तो कोई ख़ास दिलचस्पी नहीं हुई थी। 'वह दफ़्तर में है, जाकर मिल क्यों नहीं लेते?' जब सेबास्टिन ने ऐसा पूछा तो तुरन्त जाकर मिलने की इच्छा भी नहीं हुई। सोचा कि स्वागत समारोह में फ़ैसल को देख और सुन सकता हूँ, इसलिए वहीं पर बैठा रहा।

स्वागत समारोह में जब उससे मिला, 'सर' बुलाते हुए जब वह दौड़कर मेरे पास आया और मेरा दाहिना हाथ पकड़ा, तब भी मैं फ़ैसल को याद नहीं कर पा रहा था। उन लम्हों में मैंने अतीत के ढेर सारे बरामदों से होकर सफ़र किया। हर साल दो हज़ार से ज़्यादा छात्र यहाँ से पढ़ाई पूरी करके निकल जाते हैं। सामने खड़े छह फ़ीट लम्बे, हट्टे–कट्टे फ़ैसल से एक पतले प्री–डिग्री बालक को ढूँढ़ पाने में मैं असमर्थ रहा।

रिबन से सजे सात स्वर्ण पदक मेज़ पर प्रदर्शन के लिए रखे हुए थे। एक–एक करके उन सबको दर्शकों के सामने दिखाकर प्राचार्य सुन्दरय्यन सबको फ़ैसल का परिचय दे रहे थे। 'बैंकॉक में चली अन्तरराष्ट्रीय तैराकी प्रतियोगिता में हमारे देश के लिए जीते गये हैं ये मैडल' प्राचार्य ने कहा। प्राचार्य के भाषण से दर्शकों को फ़ैसल के अतीत का पता चला। वह प्री–डिग्री का ज़माना था। प्री–डिग्री के बाद डिग्री के लिए प्रवेश करते समय फ़ैसल को पुलिस में नौकरी मिल गयी। आज फ़ैसल तैराकी में दुनिया का सबसे अधिक माँग वाला तैराक बन गया है। बड़ी ख़ुशी के साथ प्राचार्य ने कहा कि फ़ैसल की इस उपलब्धि पर सबसे अधिक नाज़ हमारे कॉलेज को है। अपनी सेवानिवृत्ति के इस साल में पूर्व छात्र द्वारा

जीते गये ये पदक उनके अपने भी हैं...प्राचार्य ने कहा। किसी भी कॉलेज की प्रतिष्ठा पूर्व छात्रों के द्वारा ही बनी रहती है। प्राचार्य ने आगे कहा कि फ़ैसल का स्वर्ण पदक पहने हुए एक बड़ा चित्र स्कूल कार्यालय में लगाया जायेगा जो आगे आने वाली पीढ़ियों के लिए प्रेरणादायक रहेगा। प्राचार्य की बातें सुनकर हॉल में ज़ोरदार तालियाँ बजने लगीं। अपना भाषण समाप्त कर प्राचार्य ने स्वर्ण पदकों को एक–एक करके फ़ैसल के गले में डालकर उसे अपने गले से लगाया तो हॉल तालियों से फिर गूँज उठा।

आशीर्वाद भाषण तो पाँच–छह थे, पर जोश किसी में भी नहीं था। फ़ैसल का भाषण मुझे बेहद पसन्द आया। बिना किसी उपमा–उत्प्रेक्षा के हृदय से निकलने वाली बातें, अहंकार का पुट उसमें बिल्कुल ही नहीं था। जब फ़ैसल का भाषण ज़ोर पकड़ने लगा तो दर्शकों को उसके जीवन के कुछ नाटकीय पलों के बारे में सुनने का मौका मिला।

प्री–डिग्री के बाद डिग्री में प्रवेश मिलने पर हुई एक घटना। एक दिन फ़ैसल को प्राचार्य सुन्दरय्यन ने कॉलेज से निकाल दिया। छात्रों की हड़ताल या किसी प्रदर्शन में आगे रहने वालों को कोई–न–कोई कारण बताकर काट–छाँट करना प्राचार्य का एक शौक़ था। प्राचार्य चाहते थे कि नर्सरी स्कूल की तरह कैम्पस का माहौल हमेशा शान्त रहे।

जब फ़ैसल को निकाल दिया गया तो अन्य छात्र भड़क उठे। प्राचार्य के कमरे के सभी शीशे पहले दिन ही चूर–चूर हो गये। कॉलेज अनिश्चित काल के लिए बन्द हुआ। किसी भी प्रकार की चर्चा के लिए तैयार हुए बिना प्राचार्य अपने फ़ैसले पर अटल रहे। छात्रों की पढ़ाई बन्द होने के लिए अपने–आप को दोषी मानते हुए फ़ैसल किसी को ख़बर किये बिना कॉलेज से टी.सी. लेकर कैंटीन की तरफ़ चल पड़ा। उस दिन कॉलेज से निकाले जाने के कारण ही वह जल्दी नौकरी में प्रवेश कर पाया और ऐसा कहते हुए जब उसने इस बात के लिए प्राचार्य को धन्यवाद दिया तो सुन्दरय्यन जैसे पानी–पानी हो गये। फिर भी चेहरे का गौरव छोड़े बिना वे सर हिलाकर बैठे रहे।

फ़ैसल द्वारा प्रस्तुत दूसरी घटना मुझे और भी रसीली लगी। तीन साल पहले शबरीमला मन्दिर के तीर्थाटन के समय फ़ैसल शबरीमला की ड्यूटी पर तैनात था।

शबरीमला की अठारहवीं सीढ़ी की ओर आने वाले लोगों के ज्वार के बीच फ़ैसल ने एक दृश्य देखा–सीढ़ियाँ चढ़ने में असमर्थ होकर भीड़ से हटकर खड़े सुन्दरय्यन सर। 'अरे सर आप' पुकारते हुए विस्मित आँखों से फ़ैसल दौड़कर नीचे उनके पास गया और उन्हें सँभालते हुए सीढ़ियाँ चढ़वाकर ऊपर पहुँचा दिया फिर जब उनसे पूछा कि आपने मुझे पहचाना? तो ध्यान से देखकर विस्मित नेत्रों से बोले–तुम फ़ैसल हो न? जब उसने कहा कि डिग्री प्रथम वर्ष में टी.सी. लेकर जाने वाला फ़ैसल हूँ तो प्राचार्य ने कहा था कि मैं कुछ भी नहीं भूला फ़ैसल। वे उसकी बाँहें पकड़कर कुछ पल खड़े रहे, फिर अपराध–बोध से कहा कि उस दिन मैंने तुम्हें कॉलेज की सीढ़ियों से नीचे उतार दिया था और आज यहाँ सीढ़ियाँ चढ़ने में असमर्थ खड़ा था तो तुमने मुझे सीढ़ियाँ चढ़वाकर ऊपर पहुँचाया। तुम्हारा भला होगा।' उनका यह आशीर्वाद मेरा सौभाग्य बना। इतना कहकर फ़ैसल ने अपना भाषण समाप्त किया। थोड़ी देर के लिए प्राचार्य का चेहरा फीका हो गया था। फिर भी बाद में उनके चहरे पर खिली मुस्कुराहट मैंने देखी।

कृतज्ञता ज्ञापन के लिए जब विजय राघवन उठा तो मैं धीरे–से निकलकर डिपार्टमेंट में आया। 'आरण्यका' किताब खोलकर पढ़ने लगा। कई बार पढ़ा है यह उपन्यास, पर हर बार पढ़ते ही मन में एक नया जोश महसूस होता है। तभी अचानक फ़ैसल मुझे ढूँढ़ता हुआ वहीं पर आ पहुँचा।

जंगल से होकर जाने वाले युगाल्प्रसाद नामक पात्र का बड़े आदर के साथ पीछा कर रहा था मैं। 'एक्सक्यूज़ मी सर' आवाज़ सुनकर मैं जाग उठा। किवाड़ के पास फ़ैसल को देखकर बड़ी ख़ुशी के साथ मैंने उसे अन्दर बुलाया और बैठने के लिए कुर्सी दी। पहले वह बैठने को तैयार नहीं हुआ, पर उसे मजबूर करके बिठाया। तब भी वह बड़ा विनम्र था। 'फ़ैसल का भाषण मुझे बेहद पसन्द आया', मैंने कहा।

'मीटिंग के बाद मैंने आपको सब जगह ढूँढ़ा, पर आप नहीं मिले।' फ़ैसल ने जवाब देते हुए कहा। मैंने अपने मन का यह आश्चर्य बाहर नहीं जताया कि फ़ैसल मुझे ढूँढ़ते हुए क्यों आया। हालचाल पूछने के थोड़ी देर बाद फ़ैसल ने जो घटना मुझे सुनायी उसे सुनकर मैं सचमुच आश्चर्यचकित रह गया। सालों पहले टी.सी. हाथ में लेकर फ़ैसल चला

था कैंटीन की तरफ़...'चला था नहीं मैं पहुँचा था वहाँ'...उसने दुबारा ठीक किया। मन बहुत भारी हो रहा था। ताज्जुब था कि बेक़ाबू ग़म बारिश बनकर बरसेगा, इसी चिन्ता में कैंटीन के पिछवाड़े की तरफ़ चला गया था, वहाँ टूटी–फूटी सीमेंट की सीढ़ियों पर बैठा रहा। आँखें भरी हुई थीं। रेगिस्तान की तरह सामने पसरे पड़े अपने भविष्य के बारे में सोचते हुए स्तब्ध था कि तभी चमत्कार बनकर कन्धे पर सान्त्वना का एक कोमल स्पर्श। फ़ैसल ने कहा कि वह मैं था।

फ़ैसल को वहाँ से उठाकर कैंटीन ले जाकर मैंने चाय और डोसा खिलाया था...फ़ैसल ने मुझे याद दिलाया। पर मैं कुछ भी याद नहीं कर पा रहा था। फ़ैसल के अनुसार उस दिन मैंने उससे कहा था कि ज़िन्दगी एक टी.सी. के साथ ख़त्म नहीं होती, तुम्हारे सामने अनेक रास्ते खुले पड़े हैं आदि, आदि। बाद में उसके सामने उस दिन का अख़बार खोलकर एक विज्ञापन दिखाया जिसमें सूचित किया गया था कि एक हज़ार एक सौ पद ख़ाली हैं। फिर बताया कि इस पद पर आवेदन देने के लिए प्री–डिग्री काफ़ी है, केरल पुलिस में है नौकरी। उसके बाद आवेदन, परीक्षा, साक्षात्कार, नियुक्ति...सब जल्दी–जल्दी हो गया। बधाई समारोह में इस बात का ज़िक्र करना चाहता था, पर भूल गया...क्षमाप्रार्थी स्वर में उसने अपनी बातें ख़त्म कीं।

फ़ैसल के जाने के बाद भी उसकी कहानी मुझे काफ़ी अविश्वसनीय ही लगी। क्या वह कहानियाँ गढ़कर सुनाता है? प्राचार्य को सीढ़ियाँ चढ़वाना भी ऐसी मनगढन्त कहानी होगी क्या? बार–बार सोचने पर भी मैं इस तर्क को नहीं समझ पाया कि मैं उस दिन कैंटीन के पिछवाड़े उस सुनसान में गया क्यों? डोसा ख़रीदने की बात भी याद नहीं कर पाया। ऐसा नहीं कि मैंने किसी की भी मदद नहीं की है। ऐसी घटनाएँ याद करने से मन में उभर ज़रूर आयेंगी। पर यह...

विदा लेते समय फ़ैसल ने कहा–'कई बार इच्छा हुई थी कि सर से आकर मिलूँ, पर किसी–न–किसी वजह से मुलाक़ात न हो पायी।' सहसा फ़ैसल की ओर से हुई एक हरकत से मैं बिल्कुल स्तब्ध रह गया था। अपने बाग़ में से एक स्वर्ण पदक लेकर उसने मेरे गले में डाल दिया 'यह मेरी तरफ़ से एक पुरस्कार है सर, आपके लिए मेरी गुरुदक्षिणा, इसे लीजिएगा।' फ़ैसल ने कहा। थोड़ी देर मैं अचम्भित होकर रह गया।

जल्दी ही मैं अपने सन्तुलन में वापस आ गया। फ़ैसल के परिवार वालों के बारे में पूछते वक़्त मैंने अपने गले से वह पदक उतारकर उसके हाथ में थमा दिया और बोला, 'फ़ैसल की गुरुदक्षिणा मैंने स्वीकार की। यह मेरी ज़िन्दगी का सबसे बड़ा पुरस्कार है। अब फ़ैसल इसे अपनी बेटी को दो। मेरी ओर से जन्मदिन के तोहफ़े के रूप में।'

उस समय फ़ैसल की आँखें भर आयीं, हाथ काँपने लगा।

मन कहता है सालों के बाद फिर एक दिन गले में काफ़ी स्वर्ण पदक डालकर फ़ैसल फिर आयेगा। इसकी आशा करते हुए मैं उस दिन का इन्तज़ार कर रहा हूँ। अगर मैं नहीं भी हूँ तो भी कोई और होगा इस कुर्सी पर, भलाई की कहानी सुनने और फ़ैसल का स्वागत करने के लिए।

वासुदेव अय्यर की यह भूमि

वासुदेव अय्यर आज सेवानिवृत्त हो रहे हैं। किसी को भी शंका हो सकती है कि यह विदाई समारोह के लिए अनुयोज्य माहौल नहीं बल्कि बधाई समारोह की तैयारियाँ हैं। वह किसी भी तरह के हँसी–मज़ाक़ में साझा नहीं कर सका।

फ़ादर ने आकर याद दिलाया कि बैठक शुरू होने का समय है। वासुदेव अय्यर अभी तक नहीं पहुँचा। किसी ने मज़ाक़ में कहा कि अय्यर शायद विदाई समारोह के बारे में भूल गया होगा। जैसे–जैसे सेवानिवृत्ति के निकट पहुँचा तो अय्यर यह तय कर पाने की अवस्था में नहीं था कि क्या याद रखना है, क्या भूलना है।

पर ठीक समय पर वासुदेव अय्यर गेट के सामने नज़र आया। हमेशा की तरह पसीने से तर शर्ट के साथ। हमेशा ही देरंगाडी* से पैदल आया करता था अय्यर। रिक्शा और बस कभी नहीं पकड़ेगा। कड़ी धूप में भी पैदल ही चलेगा। बायाँ हाथ आगे की ओर हवा में तैरने की मुद्रा में और दाहिने हाथ में पुस्तक के साथ धोती की नोक भी पकड़कर चलेगा। तब बायें पैर के घुटने तक धूप लगेगी। जब धोती मोड़कर पहनता है तो पहचाना जा सकता है, अय्यर का एक हाथ गोरा है तो दूसरा काला।

फ़ादर ने नीचे आकर वासुदेव अय्यर का स्वागत किया और फिर उसे सभागार में लेकर आये। वासुदेव अय्यर अपने शर्ट के सफ़ों को ठीक करके एक कुर्सी पर बैठ गया। काली धारीदार धोती को एड़ी के नीचे नाख़ून को ढकने लायक नीचे की ओर खींच लिया। माथे और गर्दन का पसीना तौलिये से पोंछा।

---

* देरंगाडी एक जगह का नाम।

तभी एक अजब नज़ारा देखने को मिला–प्रोफ़ेसर जानकी अम्माल का आगमन। कई लोगों का अनुमान ग़लत निकला। उन सभी को विश्वास था कि विदाई समारोह में जानकी अम्माल की छाया तक नहीं पड़ेगी। वासुदेव अय्यर और जानकी अम्माल कट्टर शत्रु माने जाते हैं। कॉलेज के शुरुआती दिनों से मौजूद दो जन।

समारोह शुरू हुआ। कुछ लोगों ने अय्यर के गुणों का बखान किया। भाषण के दौरान कहीं फ़ादर का गला भर्राया भी। बेजान चेहरे के साथ बिना किसी भाव के अय्यर ने सब कुछ सुन लिया। बीच में दोनों कन्धों पर बारी–बारी से अपना सर रखता रहा। पसीने से तर शरीर पर आकर चिपकने वाली मक्खी को दूर भगाया।

अय्यर की इन हरकतों ने कुछ लोगों को हँसाया ज़रूर। साइंस विभाग के अध्यापक हँसी–मज़ाक़ करने लगे थे। उनकी फुसफुसाहट के बीच कुछ अद्‌भुत और घटा। जानकी अम्माल भाषण देने उठीं। सभी चुप हो गये। जानकी अम्माल ने मुश्किल से मुस्कुराते हुए अपने भाषण की शुरुआत की। उन्होंने पहले ही माफ़ी माँगते हुए कहा कि अगर वह खुलकर कोई बात कह दें तो अय्यर और बाक़ी लोग उन्हें क्षमा करें।

जानकी अम्माल एक झगड़े की तैयारी कर रही है? बदला लेने का एक अवसर भी जानकी अम्माल व्यर्थ नहीं गँवा देती। क्या इसे भी वे सुनहरा अवसर मानती हैं? उन दोनों का झगड़ा कभी हाथापाई तक पहुँचा था। एक बार उन दोनों के बीच में पड़ गया था। वासुदेव अय्यर जानकी अम्माल को गालियाँ दे रहा था। कुछ देर जानकी अम्माल ने भी उन गालियों का सामना गालियों से किया। पर बाद में उसे अपने कान बन्द करने पड़े। जब हद से बाहर हो गया तो वह रोने लगी थी।

लेकिन जानकी अम्माल ने बहुत शान्त स्वर से भाषण शुरू किया। उसमें बदले की ध्वनि नहीं थी। हर शब्द में अय्यर के प्रति आदर था। यादों के पुराने दिनों में जानकी अम्माल चली जा रही थी। यादों से गीली एक तस्वीर उसने उठाकर दिखायी। कई साल पहले की।

मूसलाधार बारिश के दिनों में एक दिन तमिलनाडु की एक लड़की अपॉइंटमेंट ऑर्डर के साथ गलियों में ढूँढ़कर, मेड़ों पर फिसलकर, काजू के बागानों में रास्ता भूलकर, सही रास्ता पूछते–पूछते कॉलेज पहुँच जाती है। वर्किंग डे होने के बावजूद कॉलेज में कोई हलचल नहीं थी। हैरानी के साथ वह लड़की वहीं खड़ी रही।

एक कमरे में झाँककर देखा तो पाया कि एक आदमी मेज़ पर बैठकर बीड़ी पी रहा है। फ़र्श पर घुटनों तक पानी था। छत से रिसने वाली बारिश की बूँदें सर पर न गिरें इसलिए कुरता उतारकर सिर पर बाँध रखा है। एक गोरा आदमी। उसके सीने पर पवित्र धागा चिपका हुआ था।

सन्देह के साथ जानकी अम्माल अन्दर घुस गयी। पानी में उतरने से हिचककर वह व्यक्ति मेज़ पर ही खड़ा हो गया। उसका सर छत से छूने वाला ही था। पूछने पर बताया कि वे यहाँ के अध्यापक हैं, नाम है वासुदेव अय्यर। साथ में यह भी जोड़ा कि बारिश होने से कॉलेज का यही हाल है। क्लास नहीं चलेंगी।

एक पुरानी तस्वीर जिसे जानकी अम्माल ने एक निधि की तरह अब तक सँभालकर रखा था।

जानकी अम्माल दर्शकों को कॉलेज के उन शुरुआती दिनों की ओर ले गयी जो दो फूस–शेड के साथ शुरू हुआ था। बारिश के दिनों में कॉलेज हमेशा बन्द रहता था। मैनेजर के घर के बरामदे में कार्यालय... स्मृतियों के अँधेरे में डूबा एक देशकाल धीरे–धीरे प्रकाश में आ रहा था। बिखरी हुई उन स्मृति–तस्वीरों को एक साथ जोड़ने में जानकी अम्माल को काफ़ी कठिनाई हुई।

जब रहने के लिए कोई जगह न मिली तो अय्यर जानकी अम्माल को लेकर देरंगाडी की अपनी हवेली में गया। गन्ने के बागानों और थेय्यम के काव से होकर आगे बढ़ी उस यात्रा को जानकी अम्माल आज तक नहीं भूली है। पहली मुलाक़ात में ही अय्यर की माँ को जानकी अम्माल पसन्द आयी। अपनी बातों को जारी करते हुए जानकी अम्माल ने कहा–एक घर का इन्तज़ाम होने तक छह–सात महीने तक वह अय्यर की उस हवेली में रही।

सहसा जानकी अम्माल चुप हो गयी। यादों की बहुलता में उसका दम घुटने लगा। यादों के कौन–से गीले धागों को उठाकर दिखाये? हे भगवान, क्या कहे, क्या नहीं कहे? विवेक शक्ति विहीन एक बच्चे की तरह जानकी अम्माल कहीं खो गयी। अतीत की उपजाऊ हरी–भरी भूमि। उसका गला भर्रा आया, शब्द उसके गले से बाहर नहीं निकले।

बोलने में असमर्थ होकर वह वहीं पर खड़ी रही। वह दृश्य बहुत परेशान करने वाला था। एक कुर्सी खींचकर उस पर बैठने के लिए फ़ादर

ने अनुकम्पा के स्वर में जानकी अम्माल से कहा। पर जानकी अम्माल नहीं बैठी। गला साफ़ करके उसने अपनी बात जारी रखी। हम कई बार आपस में लड़ चुके हैं। मैं अब सबके सामने कहती हूँ कि सारी ग़लतियाँ मेरी थीं। जब कभी मैंने अपनी गलतियाँ उनके सामने स्वीकार कीं, उन्होंने मुझे माफ़ नहीं किया। मुझे उम्मीद है कि कम–से–कम इस अवसर पर वे मुझे माफ़ करेंगे। अचानक उसकी आवाज़ गीली हो गयी। विनती भरी निगाहों से उसने अय्यर को देखा। पर अय्यर ने सर उठाकर उसकी ओर देखा तक नहीं।

बिल्कुल ईमानदारी के साथ लम्बे समय तक इस कॉलेज में काम करने वाले एक व्यक्ति आज हमको छोड़कर जा रहे हैं। लेकिन...उसकी आवाज़ फिर रुक गयी...बीच में कभी उनके पैर लड़खड़ा गये...जब वह हम सब के लिए एक जोकर बनकर रह गये। सचमुच हम सब मिलकर एक भले व्यक्ति को बिगाड़ रहे थे। जानकी अम्माल के मुँह से आवाज़ रुलाई–सी फूट पड़ी। फिर वह जारी नहीं रख पायी। उसके पैर लड़खड़ाये जैसे कि सर पर असहनीय बोझ ढो रही हो और वह कुर्सी में धँस गयी।

सचमुच अय्यर के पैर कब से लड़खड़ाने लगे थे। हर कोई उस रहस्यमयी अतीत के बारे में सुनने को बेक़रार था। उस मोड़ पर पहुँची तो जानकी पता नहीं क्यों चुप हो गयी। अय्यर ने अपना पवित्र धागा कब उतारकर नेत्रावती नदी में फेंका था? बच्चे कब से इतिहास के इस अध्यापक का सीटी बजाकर स्वागत करने लगे थे?

पर एक बात पक्की है, अध्यापक जीवन की गोधूलि वेला में कक्षा में होने वाले इस हंगामे को सन्तुलित मन से देख पाने में अय्यर कभी कामयाब नहीं हुए। एक पागल की तरह वे बच्चों की तरफ़ झपट पड़े। हलचल मचाने वालों को उठाकर खड़ा किया और गालियों की बौछार उन पर बरसा दी। जो ख़ामोश बैठे थे वे भी अय्यर के शिकार बन गये। कैम्पस के गलियारों से गुज़रते वक़्त कान बन्द करने पड़ते थे। कभी न भूल पाने वाली एक घटना और है। पिछली फ़रवरी का एक बुधवार। वासुदेव अय्यर की कक्षा से ज़ोरदार हँसी की आवाज़ आ रही थी। फिर बच्चों की सीटी बजाने की आवाज़। सीटी की आवाज़ के बाद फिर धमकाने की आवाज़।

सहसा कक्षा से अय्यर निकलकर भागा। स्टाफ रूम पहुँचने पर सबने कारण पूछा। अय्यर हाँफ रहा था और शरीर से पसीने छूट रहे थे। कोई जवाब दिये बिना अय्यर मुझे घसीटकर बाथरूम की तरफ़ ले गया दरवाज़ा बन्द किया। बड़े ध्यान से कुंडी लगाने के बाद अय्यर ने कहा–

'गणेश उस तन्त्री के बेटे ने आज भी मुसीबत खड़ी कर दी। जैसे ही कक्षा शुरू हुई, उसका दाहिना हाथ बढ़ने लगा, वह बढ़ता ही गया, साँप की तरह बेंच से होकर, डेस्कों से होकर वह बढ़ा आ रहा था। फिर पहली बेंच पर बैठी एक लड़की के कन्धों पर हाथ रखकर ताल बजाने लगा। निचले होंठ को दबाकर वह आनन्द ले रही थी। उसने सोचा कि मैं कुछ नहीं देख रहा हूँ। अचानक बहुत ही नाटकीय ढंग से मैं उसके पास गया और अपनी सीट से उठने को कहा। हाथ वापस खींचने के बाद वह अपनी जगह से उठा जैसे कि कुछ हुआ ही न हो। उस समय उसके हाथ और होंठ काँप रहे थे। दूसरे बच्चे भी उसका पक्ष ले रहे थे जैसे कि उसने कुछ नहीं किया। अपना हाथ उठाकर लड़की के कन्धे पर ताल बजाने की उसकी करतूत के बारे में मैंने उससे कहा। तब बच्चे एक साथ हँस पड़े। गणेश, तब मुझे पता चला कि सब बच्चे एक साथ मिले हुए हैं। मैंने सब बच्चों से कहा कि शरारती बच्चों, इससे बचकर रहना। यह उस तन्त्री का बेटा है, जादू–टोना पैदाइशी स्वभाव है। बच्चे फिर हँसने लगे। एक लड़के ने उठकर कहा, 'सर वह किसी तन्त्री–मन्त्री का बेटा नहीं, दामोदरन नायर का बेटा है। एक बेचारा।" फिर हलचल शुरू। मैंने सबको चुप बैठे रहने की आज्ञा दी। जब बच्चे चुप हो गये तो मैंने उससे मेरी मेज़ के पास आने को कहा। वह काँपता रहा, अपनी जगह से नहीं हिला। मैंने उसको कई गालियाँ दीं। फिर भी वह आने से कतरा रहा था तो मैंने उसकी माँ को बुरा–भला कहा। तब वह कुत्ते की तरह दुम हिलाकर मेरे पास आया। गणेश, सचमुच मैं डर गया था।' प्रोफ़ेसर ने धीमी आवाज़ में कहा।

'वह मेरी ओर आ रहा था। उसका दाहिना हाथ पैंट की जेब में था। मुझे पता था कि उसकी जेब में चाकू है। अचानक मैंने उससे रुकने को कहा। दो क़दम पीछे हटने को कहा। चार क़दम। मेरा भयानक चेहरा देखकर चाकू उठाने का उसका साहस ख़त्म हो गया होगा।

इस तरह बड़ी होशियारी से मैंने उसे अपनी सीट के पास खड़ा करवाया। उस कक्षा से मैं जैसे–तैसे बचकर बाहर निकला था। नहीं तो वह मुझे सचमुच मार देता गणेश।'

वासुदेव अय्यर तब भी हाँफ रहा था।

कोई उसे सलाह देने नहीं गया। सलाह देने गये सभी लोगों पर अय्यर झपट पड़ा। सब अय्यर से दूर चले गये। पर जब भी मिलता तो गणेश, गणेश कहकर अय्यर मेरे पास आता रहा। किसी भी मामूली बात के लिए वह सिर्फ़ मेरे पास आता रहा। एक बार पाँच रुपये का पुराना मैला नोट लेकर आया था। फिर कहा–'गणेश, तुम्हारे घर के पास है न बैंक, इसे बदलवा सकते हो?' अगले दिन पाँच रुपये का नया नोट लाकर अय्यर को दिया। 'यह तो एकदम नया है', अय्यर ने आश्चर्य से कहा। फिर उस नोट को सूँघने लगा। उनकी बाँछें खिल गयीं।

'गणेश, क्या बैंक भर नोट होंगे न?'

मैंने हामी भरी।

'बैंक में नौकरी मिलने से कितना अच्छा होता, है न? हर दिन एक बण्डल नोट लेकर घर आ सकते हो। नोटों के बण्डलों से एक निकालने पर किसको पता चल सकता है? मेरी परिचित एक महिला है जो बैंक में काम करती है। गणेश तुम जानते हो, एक दिन जब बैंक से लौटी तो उसने मुझे अपना बैग खोलकर दिखाया। नये नोटों के बण्डल थे उसमें। रोज़ वह इस तरह नोट लेकर आती है। उसका घर गहनों से भरा है। यहाँ तक कि बिस्तर भी सोने से मढ़वाया है।' एक पल विराम लेने के बाद अय्यर ने पूछा, 'गणेश, क्या बैंक में नौकरी पाने का कोई तरीक़ा है? झाड़ू लगाने वाली नौकरी भी काफ़ी है।'

जब भाषण देने के लिए वासुदेव अय्यर उठा तो दर्शक फिर ख़ामोश हो गये। अपनी टाइट शर्ट ठीक करके वह माइक के सामने आया। कल्ली धार वाली धोती को आगे किया। दर्शकों की परवाह किये बिना बहुत ही दबी आवाज़ में वह बोलने लगा। भाषण की शुरुआत करते हुए उसने कहा कि उसे कॉलेज छोड़ने का कोई अफ़सोस नहीं। पारिवारिक ज़िम्मेदारी नहीं होने के कारण कोई विशेष दुःख नहीं। जानता था कि ज़िन्दगी में यह विदाई अनिवार्य है। अन्तर सिर्फ़ इतना है कि मैं पहले उस नियति का सामना कर रहा हूँ जिसका सामना भविष्य में आप सभी को करना पड़ेगा ही।

उस औरत, जानकी अम्माल ने जो कुछ भी कहा वह सब झूठ था। उपहास भरी हँसी से दर्शकों को देखकर अय्यर ने कहा—सरासर झूठ। देरंगाडी की मेरी हवेली उसने देखी तक नहीं। न ही मैं उसे वहाँ लेकर गया। मेरे यहाँ काम करने से पहले ही मेरी माँ की मृत्यु हो गयी थी। मैंने कभी भी ऐसी दूसरी औरत को नहीं देखा जो इतनी चतुराई से झूठ बोल सके। इसीलिए ही मैं उसे पसन्द करता हूँ। उसे अपने परिवार के साथ, बच्चों के साथ ख़ुशी से रहते देखकर मुझे बहुत ख़ुशी हो रही है। लेकिन मैं उसके झूठ नहीं भूल सकता। अविस्मरणीय हैं वह सब।

अचानक अपनी नाक और मुँह को साड़ी के पल्लू से ढँककर जानकी उठ खड़ी हुई और वहाँ से चली गयी। वासुदेव अय्यर ने उसे अनदेखा कर दिया। जेब से तौलिया लेकर अपना चेहरा और गर्दन पोंछी।

वासुदेव अय्यर ने शान्त स्वर में भाषण जारी रखा। यह अत्यधिक शान्ति दो—तीन दिन से अय्यर की विशेषता रही। कल एक नीम का पौधा लेकर वह कॉलेज आया था। उसने उस छोटे पौधे को चलने में असमर्थ एक बच्चे की तरह अपने शरीर के पास रखा था। पौधे की पत्तियों को एक—एक करके हाथ में लेकर चूमा फिर दो—तीन कक्षा के बच्चों को बुलाया। फावड़ा लेकर ज़मीन खुदवायी और फिर ज़मीन पर घुटने के बल बैठकर नीम के उस पौधे को बड़ी सावधानी से लगाया। बच्चों ने पौधे को पानी दिया। पता नहीं क्यों बच्चों ने सीटी नहीं बजायी। उनको अय्यर से ऐसा प्यार हुआ जैसे कि उन्हें काफ़ी समय बाद देख रहे हों। अय्यर के आसपास खड़े होकर वे सब छोटे—छोटे चुटकले सुना रहे थे।

सभा के कई भागों से दबी हुई हँसी आ रही थी। भाषण के दौरान समय—काल भूलकर अय्यर इतिहास की पढ़ाई की ओर चला गया। उसके लिए दर्शक जैसे कि उसकी अपनी कक्षा के शिष्य बन गये थे। सभी खिलखिलाकर हँस पड़े। फ़ादर ने उठकर कान में कुछ कहा तो वासुदेव अय्यर के अपना भाषण समाप्त किया।

वासुदेव अय्यर ने किसी से विदाई नहीं ली। फिर भी कई लोगों ने आकर अय्यर से हाथ मिलाया। जाते समय वह डिपार्टमेंट में आया। एक पल के लिए मेरी आँखों में देखा, फिर बिना कुछ कहे बाहर चला गया गेट के पास पहुँचते ही अय्यर एक पल ठिठक गया, कल लगाये नीम के उस पौधे को कौतूहल से देखा। फिर ध्यान से चारों ओर देखा।

जब उसे पता चला कि कोई नहीं देख रहा तो उसने उस नीम के पौधे को उखाड़ लिया, अपनी मुट्ठी में उसे रखा और जल्दी बाहर निकला। अगली सुबह एक लड़का नीम के उस पौधे को लेकर आया। लड़के ने अय्यर को पौधे को नाले में फेंकते हुए देखा था। वह यह देखने के लिए पौधे को लाया कि वह फिर से अंकुरित होगा कि नहीं। उस समय मेरे साथ इतिहास का नया अध्यापक था जो अय्यर की जगह पर आया था। कुछ समझे बिना वह हक्का–बक्का खड़ा रहा। घण्टी बजी और बच्चे कक्षा की ओर भागे। उस समय हमेशा की तरह एक हाथ को उठाये, दूसरे हाथ से पुस्तक और धोती की नोक पकड़े पसीने से लथपथ होकर अय्यर गेट से होकर अन्दर आया।

मैंने आँखें फाड़–फाड़कर देखा। काँपते हुए मैंने पहचाना...हाँ अय्यर ही है।

गेट पारकर उसी रफ़्तार में अय्यर मेरे सामने आया और पूछा–

'गणेश, क्या घण्टी बज गयी?'

'क्या आज मुझे देर हो गयी गणेश?'

परीक्षित का अन्त

प्रश्नपत्र हाथ में मिलते ही परीक्षित के पसीने छूटने लगे। कुछ समझ में नहीं आ रहा था। उसे लगा कि प्रश्नपत्र किसी अज्ञात भाषा में बनाया गया है। हैरान होकर उसने चारों ओर नज़र दौड़ायी। उसकी कक्षा के अभिजीत, सुभाष, चन्द्रन, पाषा और विनीता उत्तरपुस्तिका लेकर बड़े उत्साह से लिखते जा रहे थे। उसका गला और जीभ सूखने लगे। सफ़ेद पोशाकधारी अध्यापक उसके निकट आये। वह चौंक उठा जैसे कि उसके दिमाग़ में एक बवण्डर उठ रहा हो। अगले ही पल डेस्क पर सर रखकर वह लेट गया कुछ देर के लिए वह बेहोश हो गया था।

किसी के पुकारने की आवाज़। आँखें नहीं खोल पा रहा था। लेकिन आवाज़ पहचान ली। हरिहरन मास्टर की आवाज़।

'बेटा, यह चाय पिओ।'

'बहुत ही होनहार छात्र है परीक्षित, फिर ऐसा क्यों हुआ?' प्रधान अध्यापक आशंकित हुए।

'हाँ, हाँ...हमारी एक डिसटिंगशन है।' सुदेवन मास्टर ने जवाब दिया।

किसी के दौड़कर आने की आवाज़।

'रात में सोया नहीं होगा, इसीलिए चक्कर आया।' उसके सर पर उँगलियाँ फेरते हुए प्रधान अध्यापक ने कहा।

अम्बुजाक्षी टीचर एक तौलिया भिगोकर परीक्षित के चेहरे पर मलने लगी। धीरे-धीरे उसने आँखें खोलीं। उसे थोड़ी राहत महसूस हुई जैसे कि अन्दर का बवण्डर थम गया हो। हरिहरन मास्टर ने उसे चाय पिलायी।

वह प्रधान अध्यापक के कमरे में था। घबराहट के साथ उसने पाया कि आसपास के कमरों में उसके दोस्त माध्यमिक स्तर की परीक्षा लिख रहे हैं।

परीक्षा का पहला दिन था। सुबह की परीक्षा उसने अच्छी तरह लिखी थी। दोपहर की परीक्षा के दौरान ही यह घटना हुई थी।

परीक्षित के फूले हुए गालों पर हाथ फेरते हुए अम्बुजाक्षी टीचर ने पूछा–'क्या हुआ तुझे परीक्षित?' उसने सिर्फ़ सर हिलाया।

अन्दर फिर से एक बवण्डर उठ रहा था। उसके हाथ काँप रहे थे। परीक्षित टीचर के चेहरे को घूरने लगा। उसे लगा कि यह टीचर नहीं, उसकी मम्मी है। मम्मी ने मन्दिर की देवी की तरह लाल रंग की पोशाक पहनी है। कमर में घण्टी है। पैरों में कड़ा। काँपती तलवार उठाते हुए मम्मी उसके सामने उछल–उछल कर आयी। हे...हे...। डर के मारे उसकी आँखें फैल गयीं। नस–नस तक काँपने लगी। तलवार की नोक उसकी ओर घुमाकर देवी चिल्लाने लगी, 'सो रहा है तू? भूल गया कि आज परीक्षा है? रैंक मिलनी चाहिए रैंक...हाँ...हाँ।'

तभी वहाँ उसे अपने पापा भी दिखाई दिये। देवी के पीछे पापा भी खड़े थे। सफ़ेद धोती पहन रखी है। कुर्ता नहीं है। पूरे शरीर पर भस्म लगाई हुई है। हाथ में कांस्य की एक थाली। उसमें हल्दी और पीपल के पत्ते।

निर्विकार खड़े पापा के होंठों में अकस्मात जान आ गयी। विकृत जीवों की तरह उनके होंठ काँपने लगे। अचानक उनमें से आवाज़ निकलने लगी, 'तू अपनी दीदी को देख...उसने रैंक हासिल की है। आज के ज़माने में डिसटिंगशन मिलकर क्या होगा?' रैंक मिलनी चाहिए।

कांस्य की थाली अब पुस्तकों से भरी पड़ी थी। पुस्तकों का बण्डल। टीचर ने उसे फिर छुआ, 'बेटा, इधर देख...अम्बुजाक्षी टीचर हूँ।'

उसने आँखें खोलकर देखा। हाँ...मलयालम भाषा की टीचर। झट से उसने टीचर का हाथ पकड़कर कहा, 'मुझे परीक्षा लिखनी है।'

डर के मारे उसने चारों तरफ़ देखा। बड़े ग़ौर से उसको घूर रही हैं कई निगाहें। वहाँ उपस्थित सभी लोगों से प्रधान अध्यापक ने कहा, 'सब परे हट जाओ।'

थोड़ी–सी हवा और रोशनी के आते ही परीक्षित ने राहत महसूस की। प्रश्नपत्र और उत्तरपुस्तिका लेकर हरिहरन मास्टर भाग के आये। प्रधान अध्यापक ने उसके कन्धे थपथपाते हुए कहा–

'घबराओ मत। जो कुछ मालूम है पुस्तिका में लिखो।'

हिम्मत जुटाकर उसने प्रश्नपत्र खोला। काग़ज़ की सफ़ेदी में उसकी ज्ञात भाषा धीरे–धीरे स्पष्ट होती गयी। उसने एक लम्बी आह भरी और उत्तर लिखने लगा। उसकी उँगलियाँ काँप रही थीं जिसकी वजह से सामान्य रूप से आने वाली सुन्दर लिखावट इस बार नहीं आयी थी। फिर भी जो कुछ दिमाग़ में आया उसने लिख डाला।

फ़्लैट के सामने ऑटो पहुँचते ही परीक्षित ने ध्यान दिया सामान्य से विपरीत दरवाज़ा खोलकर मम्मी उत्सुकता से उसकी प्रतीक्षा कर रही थी। उसे देखते ही वह दौड़ी आयी।

'एग्ज़ाम कैसा रहा?'

उसने सिर्फ़ सर हिलाया।

'ऐसा कोई प्रश्न था जो तुम नहीं जानते थे?'

इनकार करते हुए उसने फिर सर हिलाया। मम्मी के चेहरे पर राहत आयी जैसे कि किसी भूकम्प से बच गयी हो।

'जल्दी कपड़े बदलकर आओ।'

मेज़ पर खाना रखा था। गिलास में एक वसायुक्त द्रव भरते हुए मम्मी ने कहा, 'इसे पी लो बेटा, थकान दूर हो जायेगी।'

'मुझे चाय चाहिए मम्मी।'

'चाय?' चिन्ता के साथ मम्मी ने कहा, 'इसे पी ले, रातभर जागकर पढ़ना है।'

उसने मम्मी से यह नहीं बताया कि स्कूल में उसे चक्कर आया था। उसने सोचा कि फ़िलहाल कोई बवाल खड़ा न हो। धीरे–से वह बोला 'मुझे ये सब अच्छा नहीं लग रहा मम्मी। मैं ज़रा लेटना चाहता हूँ।'

'लेटोगे?' ग़ुस्से के साथ मम्मी ने उसका हाथ पकड़ा।

'देख, परीक्षा अभी शुरू ही हुई है। तेरी यह नौटंकी मेरे साथ नहीं चलेगी।'

रेशमा ने उसकी खिल्ली उड़ायी–'अरे बुद्दू! तुझसे तो यह पढ़ाई–वढ़ाई होगी नहीं। जा..जाकर सो जा...तुझसे तो वही होगा।'

मम्मी रेशमा पर भड़क उठी, 'तू बस अपना काम कर'।

उपहास भरी हँसी के साथ रेशमा चली गयी। मम्मी ने उसके पास आकर उसका चेहरा उठाया, 'परीक्षित बेटा, अगर तुझे रैंक नहीं मिलेगी तो हमारी नाक कट जायेगी। जयलक्ष्मी टीचर की बेटी और उस दारोगा

का बेटा तेरी कक्षा में हैं न? उन्हें तुमसे ज़्यादा अंक मिले तो? फिर हमारे ज़िन्दा रहने का क्या फ़ायदा? '

उसने चुपचाप सब कुछ सुना। सर पर हाथ रखते हुए उसने कहा–

'मुझे कुछ अच्छा नहीं लग रहा मम्मी।'

मम्मी ने उसके माथे पर हाथ रखकर पूछा, 'बुखार है? सरदर्द है क्या?'

उसने सर हिलाकर न कहा। दिलासा देते हुए मम्मी ने कहा, 'परीक्षा के समय सब बच्चों को ऐसी बीमारियाँ आती रहती हैं। डरना मत। बैठकर पढ़। तेरी दीदी को रैंक मिली है। यह बात हमेशा याद रख।'

उसे लगा जैसे किसी ने उसके सर पर भारी बोझ डाल दिया हो। दोनों हाथों से अपना सर पकड़कर वह बैठा रहा। उसने फिर से वही रट लगायी।

'मुझे थोड़ी देर लेटना है।'

पापा के आने के बाद फिर से हलचल शुरू हुई। प्रश्नपत्र सामने रखकर परीक्षित से पूछताछ करने जा रहे थे कि मम्मी बोली–

'वह सब पूछकर समय क्यों गँवा रहे हो? कल की परीक्षा की तैयारी करने दो।'

जब पापा कपड़े बदलकर आये तब भी परीक्षित उसी तरह बैठा हुआ था। पापा को ग़ुस्सा आया। 'बैठे–बैठे सपना देख रहा है रे तू?'

'पापा, मुझे कुछ अजीब–सा लग रहा है। मैं ज़रा लेटना चाहता हूँ।'

'लेटोगे? अभी? कल दो परीक्षाएँ हैं न? ख़ामख़्वाह बर्बाद करने को समय नहीं है। ऐसे में रैंक कैसे मिलेगी।'

'मुझे चक्कर आ रहा है पापा।'

'डॉक्टर के पास जाना है क्या?'

'नहीं पापा, ज़रा लेट जाऊँ तो ठीक हो जायेगा।'

'अच्छा...लेटना है?' उपहास भरी हँसी के साथ पापा ने कहा–

'तेरी सारी बीमारी मैं ठीक किये देता हूँ। ज़्यादा बचपना दिखाओगे तो मैं बेंत लेकर आऊँगा, कहे देता हूँ हाँ।' धमकाते हुए पापा चले गये। उसने पुस्तक खोली। पर कोई भी अक्षर उसकी समझ में नहीं आ रहा था।

रात को खाने पर बैठते वक़्त मम्मी ने कहा, 'पेटभर खा लो। रात भर जागकर पढ़ना है तुम्हें।'

पापा ने हामी भरते हुए कहा, 'हाँ, तुम उस फ्लास्क में कॉम्प्लान या हॉर्लिक्स बनाकर रख देना।''

परीक्षित को खाने में भी मज़ा नहीं आया। थोड़ा खाकर उठा। पापा की आँखों का ग़ुस्सा उसने अनदेखा कर दिया। चक्कर आ रहा था उसे। दीवार के सहारे आहिस्ता–आहिस्ता वह वाशबेसिन की तरफ़ चला।

उसकी चाल देखकर रेशमा खिलखिलाकर हँस पड़ी। 'देखो पापा ये सब उसकी चाल है, पढ़ने से जी चुराने और जल्दी सोने के लिए।' करुणा भरी दृष्टि से उसने दीदी को देखा। पापा ने चिल्लाते हुए कहा 'रेशमा तू चुप कर।'

मम्मी जब फ्लास्क भर रही थी तो उसने इंस्ट्रूमेंट बॉक्स खोलकर टूटी हुई पेंसिल बाहर निकाली।

'मम्मी...मुझे एक नयी ब्लेड चाहिए।'

हजामत के बॉक्स से एक नयी ब्लेड निकालकर मम्मी ने उसकी पेंसिल छील दी। फिर उस ब्लेड को इंस्ट्रूमेंट बॉक्स के अन्दर सँभाल कर रखते हुए मम्मी ने कहा, 'बड़ी तेज़ ब्लेड है, ध्यान रहे।'

पापा उसके पास आकर बैठे और कुछ हिदायतें दीं। अपने कमरे में जाने से पहले आदेश के स्वर में कहा, 'मैं हर घण्टे आकर देखूँगा। सोना नहीं। तुझे कम अंक मिले तो हमारी बेइज़्ज़ती हो जायेगी।'

पुस्तक पर आँखें गड़ाकर बैठा। काफ़ी थकान महसूस हो रही थी। कुछ देर सब कुछ भूलकर सो सकता तो कितना अच्छा होता। पर मम्मी–पापा की याद उसे डराने लगी थी।

अगले घण्टे पापा जागकर आये। 'पढ़ रहा है न तू?'

उसने सर हिलाया। थोड़ी देर पापा वहीं रहे। जब वह चले गये तो सोने की उसे ज़बरदस्त इच्छा हुई। वह पुस्तक खोलकर बैठा तो था, पर उसकी समझ में कुछ भी नहीं आ रहा था।

आख़िर परीक्षित ने सोने का ही फ़ैसला किया। निर्बाध नींद...

इंस्ट्रूमेंट बॉक्स खोला और उस नयी ब्लेड को उसने बाहर निकाला।

ठीक एक घण्टे बाद पापा फिर से जग गये और बेटे के कमरे को बन्द पाकर वह दंग रह गये। उन्होंने दरवाज़े को धक्का दिया अन्दर से बन्द था। दरवाज़ा बन्द करके सो रहा है बुद्धू। इस विचार से उन्होंने दरवाज़ा खटखटाया। परीक्षित...परीक्षित...पापा ज़ोर से पुकारने लगे। बार–बार वह दरवाज़ा खटखटाते रहे।

सिंचाई योजनाएँ

सिंचाई की शुरुआत के रूप में शारदा भाभी ने धुले हुए तीन गिलास मेज़ पर रख दिये। तब पता नहीं चला रात के कितने बज चुके हैं। खिड़की के सामने चाँदनी की धुँधली रोशनी फैल रही थी। स्टोर रूम से शराब की दो बोतलें लेकर बड़े भैया भी आ पहुँचे।

इतना होने पर साधारणतया मेरे मन को उत्तेजित होना चाहिए था। दिल ख़ुशी से झूम उठना था। पर मैं बहुत निराश बैठा था। जैसे ही बड़े भैया मेरे गिलास में शराब डालने लगे तो मैंने उनको रोकना चाहा। पर गले से आवाज़ नहीं निकली। बचपन से मैं ऐसा ही हूँ। चरनी में बँधी गाय की तरह। मन की बातें समय पर बाहर नहीं निकलतीं।

मेरे उत्साह में आयी कमी पर भैया ने ग़ौर किया था।

'तुम्हें हो क्या गया है बलराम?'

मेरा मन अँधेरे में तैर रहा था। तभी बड़े भैया की हथेली की चोट नज़र आयी। सफ़ेद पट्टी से ख़ून निकल रहा था। सहसा एक मुस्कान मेरे होंठों पर आयी और मैंने पूछा–

'तो आपको भी लगी?'

'वह कोई बात नहीं बलराम', शराब का एक घूँट निगलते हुए भैया ने कहा।

'दर्द के मारे उसने काट लिया था, कोई गहरी नहीं है। पर काफ़ी दर्द है।'

मेरी होंठों की मुस्कान फीकी पड़ गयी। मैं इतना हल्का कैसे सोच सकता हूँ। ख़ुद पर आश्चर्य हुआ। मन के धुँधले पानी में कोई आत्मा अपने बचाव के लिए तड़प रही थी। कीचड़ में फँसी मछली की तरह। छोटे भैया क्या उस बगीचे से उठ गये होंगे? या ख़ून में लथपथ वहीं पर...?

बड़े भैया ने भरा हुआ गिलास मेरी ओर सरका दिया। उबले अण्डे और तली हुई मछली एक थाली में सजाकर शारदा भाभी ने मेज़ पर रखी। फिर भी मैं सुन्न बैठा रहा। विस्मय से बड़े भैया ने मेरी ओर देखा। फिर एक कृत्रिम हँसी के साथ मेरे पास आकर मेरे कन्धों को झकझोरा और कहा–

'तू क्यों ऐसे मरे बिल्ले की तरह बैठा है बलराम? आज तो हमारे लिए जश्न मनाने का दिन है न? हमारे पिताजी को वापस पाने वाला सुदिन है आज। तुम्हारे उस छोटे भैया की खाल उधेड़ने वाला सुदिन। आज हम जश्न न मनायेंगे तो फिर किस दिन?' ठहाका मारकर भैया ने कहा, 'तुमने ही शाम को आज की सिंचाई योजना के बारे में सुझाया था।'

फिर गिलास हाथ में पकड़ाते हुए बड़े भैया ने कहा–'लो, पी लो।'

उस निर्मम लड़ाई–झगड़े के बाद जब पिताजी को लेकर वापस आ रहे थे, तब मैंने ही बड़े भैया से जश्न मनाने की बात कही थी। भैया गाड़ी चला रहे थे। यह कार पिताजी ने ही भैया को ख़रीदकर दी थी। शारदा भाभी और मैं पिताजी के दोनों तरफ़ बैठे थे और हमने पिताजी के दोनों हाथ कसकर पकड़ लिए थे। हालाँकि उनका कमर के नीचे का भाग निर्जीव था, फिर भी हमें डर था कि कहीं वे कार से बाहर न कूद पड़ें। पर यात्रा के अन्त तक पिताजी शान्त बैठे रहे।

बीच में एक बार उनकी आँखें भर आयीं, पर फ़ौरन उन्होंने अपने कपड़े उठाकर आँसू पोंछे। पिताजी को रोने की कभी आदत नहीं थी। ख़ुशी के समय हँसने की आदत भी नहीं थी। इस उम्र में भी उनके स्वभाव में ज़रा भी बदलाव नहीं आया था।

वह यात्रा मैं कभी भूल नहीं पाऊँगा। हर पल मीलों लम्बा था। बचपन में पिताजी के कन्धे पर बैठकर सवारी करने की मीठी यादें दिल में ताज़ा हो आयीं। हालाँकि उन बातों को याद करना मुझे बिल्कुल पसन्द नहीं था, पर यादें अनजाने ही मन में उभर आयीं, बीते ज़माने की मधुर यादें। हम तीन बेटों को पिताजी ने ऐसे पाला जैसे कि उन्हें कोई ख़ज़ाना मिल गया हो। माँ के चल बसने (शायद वह माँ का भाग्य था) के बाद उनका कर्तव्य दुगुना हो गया था। पिताजी ने वह सब कुछ लाकर दिया जिसकी हमें ज़रूरत थी। हमारी परवरिश में उन्होंने कोई कसर नहीं छोड़ी। पिताजी के हाथ की मेरी पकड़ ढीली होने लगी।

मेज़ पर ज़ोर से दस्तक देकर भैया ने मुझे जगाया। आश्चर्य से उनकी आँखें फैल गयी थीं।

'तुझे हो क्या गया है बलराम? ज़रा यह पी ले न, मूड अपने–आप ठीक हो जायेगा।'

'मुझे कुछ अच्छा नहीं लग रहा भैया' मेरी आवाज़ लड़खड़ा रही थी। मन कई प्रकार के विचारों से भर गया। मन के विचारों को उचित शब्दों के माध्यम से व्यक्त करने में मैं असमर्थ था। आख़िर जैसे–तैसे मैंने बता दिया कि छोटे भैया का चेहरा अब भी मन में था।

'क्या छोटे भैया अब भी ख़ून से लथपथ उस बगीचे में पड़े होंगे? बड़े भैया बड़ी बेरहमी से पीटा था आपने उन्हें। उनकी नाक और मुँह से ख़ून बह रहा था, पर आप तो रुकने का नाम ही नहीं ले रहे थे। जो भी हो वह हमारे भाई हैं न।'

बड़े भाई ने अधख़ाली गिलास को बड़े ज़ोर से मेज़ पर पटक दिया, थोड़ी देर वे चुप रहे। फिर कुर्सी से उठकर शेर की तरह मुझ पर झपट पड़े।

'अब क्या सारा दोष मुझ पर थोप रहा है तू। उसे पीटते वक़्त मेरे साथ तू भी तो था। बदमाशी की यही दवा है।'

मैं भी उठा। 'छोटे भैया ने कौन–सी बदमाशी दिखायी?'

बड़े भैया को बड़ा ग़ुस्सा आया–'रामायण पूरा पढ़ने के बाद तू मुझसे सवाल कर रहा है? पिताजी को अपने पास जबरन रखकर उनकी सारी सम्पत्ति हड़पने की उसकी योजना को मैंने तोड़ा। क्या यही मेरी ग़लती है?'

'यह सही नहीं है बड़े भैया।' मेरी आवाज़ गम्भीर हो गयी। 'पिताजी छोटे भैया के साथ ही रहना चाहते हैं। पिताजी अच्छी तरह जानते हैं कि हम उनकी सही देखभाल नहीं करेंगे। फिर जिस सम्पत्ति की बात आप कर रहे हैं उस अविभाजित सम्पत्ति पर कभी भी छोटे भैया की नज़र नहीं थी। आज भी उन्होंने यह बात आपसे कही थी।'

'तू ज़्यादा बड़ी–बड़ी बातें न कर। तुझे अभी होश नहीं है। गिलास भरकर रखा है, उसे पी, तब होश आयेगा।'

मेरे मन के पानी में वह मछली फिर से तड़पने लगी। मैं काफ़ी कुछ बताना चाहता था। पर मेरी कमज़ोर जीभ जैसे टूटकर मुड़ गयी।

शारदा भाभी के आने से उस वक़्त थोड़ी राहत मिली। मैंने फ़ैसला किया कि अब बात को आगे नहीं बढ़ाना है। यही जीवन का सबसे आसान निर्णय है, पीछे हटना और चुप रहना। शारदा भाभी ने तीसरे गिलास में शराब उँडेली। पिताजी के लिए होगा। सुना है, वे शाम के बाद थोड़ा पीते हैं। शारदा भाभी ने चाबी उठायी और वह कमरा खोला जहाँ पिताजी को लाकर बन्द किया गया था। गिलास के साथ अन्दर जाकर पिताजी को बुलाने की आवाज़। तुरन्त बाद काँच का गिलास ज़मीन पर गिरकर टूट जाने का शोरगुल।

चिल्लाती हुई शारदा भाभी दौड़कर नीचे आयीं। हम एकदम चौंक पड़े।

'क्या हुआ?'

'हे भगवान, जान बच गयी मेरी।' हाँफते हुए भाभी ने भैया से कहा। 'गिलास हाथ में लेते वक़्त मैंने सोचा पीने के लिए ले रहे होंगे। पर उस दुष्ट ने उसे लेकर मुझ पर फेंका। मैं जल्दी परे हट गयी, इसलिए मेरे मुँह पर नहीं लगा।' फिर भाभी ने हम दोनों से घृणा भरे स्वर में कहा, 'एक खूँखार जानवर हैं तुम्हारे पिताजी।'

ठहाका मारकर बड़े भैया ने हामी भरी। पर मेरी जीभ जल उठी। मेरे पिताजी...! पर मुँह से एक शब्द भी न बोल पाया। दोनों को घूरते हुए मैं वहाँ से उठा। पिताजी के कमरे के पास पहुँचते ही थोड़ा ठिठका। चारों ओर काँच के टुकड़े...नहीं, उनका सामना न कर पाऊँगा। वापस बैठक की तरफ़ चला।

पूरा शरीर थक गया है। पसीना ऐसा छूट रहा है जैसे कन्धे पर कोई नमक की बोरी लिए हुए हो। हाथ काँप क्यों रहा है? सोफ़े पर धँसते ही पहली नज़र दीवार पर टँगी मुस्कुराती हुई माँ की तस्वीर पर गयी। साड़ी का रंग निखर रहा था। आँखें नम लगती हैं। धूल–धूसरित प्लास्टिक हार। माँ के चेहरे से बचने के लिए पलटकर लेट गया पर बिना ढक्कन वाले मन को कैसे बन्द करूँ। शाम से लेकर जो कुछ भी हुआ, एक–एक करके बाँध तोड़कर आने वाले जल के समान मन से बाहर बहने लगा। पिताजी को उनकी इच्छा के विरुद्ध लेकर आने में मुझे ज़रा भी दिलचस्पी नहीं थी। पर हर रात शराब की वेला में अक्सर बड़े भैया मुझे उकसाते रहते। ऐसी ही एक रात में शराब से मस्त होने वाले कार्यक्रम को सिंचाई

योजना नाम बड़े भैया ने पहली बार दिया था। बड़े भैया का पिताजी और छोटे भैया के साथ बड़ा विरोध था। आख़िरकार उनकी योजनाएँ मुझे भी माननी पड़ीं।

निर्मला भाभी और बच्चों के गाँव जाने के अवसर की प्रतीक्षा कर रहे थे। छोटे भैया जब अकेले हों तो पिताजी को लाना आसान है। भले ही थोड़ी ज़बरदस्ती से ही सही।

पिताजी गाँव के नामी किसान थे। नागदौन की जड़ें खोदने से शुरू हुई उनकी खेती। आख़िर रबड़ एस्टेट के मालिक बने, ज़मींदार बने। नदी से नाले बना–बना कर धान के खेतों से काफ़ी कटाई की गयी। अपनी कलाई की मांसपेशियाँ दिखाकर बड़े अभिमान से पिताजी बताया करते थे, 'दिन–रात खेत को पानी देने से मिली यह ताक़त। खेत में भैंस को दौड़ाकर मैडल जीतने से मिली ताक़त।'

धरती को उपजाऊ बनाने वाली सिंचाई की कहानियाँ। नहरों की कीचड़ ख़ुद निकालने वाले काले–काले मज़दूर। खेत की मेंढ़ पर खड़े होकर उनको आदेश–निर्देश देने वाले पिताजी। हमेशा याद रहने वाली बचपन की तस्वीरें। ज़ोरदार वर्षा के कितने मौसम बीत गये।

बड़े भैया शहर में जाकर बस गये। उनके बिज़नेस में मदद करने के लिए मुझे भी साथ ले गये। तब तक छोटे भैया पढ़ाई पूरी करके पिताजी के साथ रहने लगे थे।

हर किसी के जीवन में एक ऐसा वक़्त आ जाता है जब अचानक जीवन की गति रुक जाती है। वह बरसात का मौसम था। पिताजी नहर के किनारे से होकर आ रहे थे, अचानक किनारे की मिट्टी ढह गयी और पिताजी नीचे जाकर गिरे। कई दिन अस्पताल में बेहोश पड़े रहे। होश आने पर दिल तोड़ देने वाली एक जानकारी मिली, कमर के नीचे का भाग पूरी तरह निर्जीव, पूरी तरह सुन्न हो गया।

उस साल पहली बार नदी सूख गयी। सूखी नहरों में बच्चे गिल्ली–डण्डा खेलने लगे। पिताजी द्वारा खोदे गये कुएँ और तालाब सूखने लगे। खेती के बिना खेत उजड़ गये। बिस्तर पर पड़ते ही पिताजी की उम्मीदें टूट गयीं। सूखी नदियों से बालू लेने के लिए लौरियों की क़तारें लगी हुई थीं। बिना दाँत के शेर की तरह पिताजी बिस्तर पर पड़े रहे। पिताजी के सामने खड़े होकर अपने अधिकारों की माँग करने का साहस बड़े भैया में आया।

जायदाद के जो–जो भाग उन्हें मिले उन सबको लोहे की बाड़ से बड़े भैया ने सुरक्षित कर लिया। वहीं शहर से लोगों को लाकर तीन बोरवेल खोदे गये।

धरती को खोदने वाली लोहे की पम्पें। नवीनतम सिंचाई योजनाओं पर वहाँ के किसान चकित रह गये। उन लोगों ने जो नहरें बनायीं वे सब टट्टी जाने के लिए योग्य गड्ढे बन गये।

आज भी योजना बड़े भैया की थी। उसी के अनुसार जब हम पहुँचे तो बरामदे में बैठकर छोटे भैया कोई काम कर रहे थे। उसके बाद हम क़रीब एक घण्टे वहाँ थे, पर मेरे मन में यह नहीं आया कि छोटे भैया क्या काम कर रहे थे। मन में कुछ अनहोनी होने का डर था। कार का बाहर खड़ा करना और हमारा घर में आना छोटे भैया ने ध्यान नहीं दिया था। अचानक सामने बड़े भैया को देखकर छोटे भैया चौंककर उठे। बड़े ही रूखे स्वर में बड़े भैया ने पूछा–

'पिताजी कहाँ हैं रे?'

'अन्दर हैं।'

अनजाने ही मेरे मुँह से निकल पड़ा।

'हम पिताजी को शहर ले जा रहे हैं।' उस समय साहस के साथ बात कर सकने से मैं स्वयं विस्मित हुआ।

छोटे भैया ने शारदा भाभी की तरफ़ देखकर जवाब दिया–

'अगर पिताजी राज़ी होंगे तो ले जा सकते हैं।'

यह सुनकर बड़े भैया बड़े क्रुद्ध हुए। 'तू ज़्यादा पत्ते न फेंक, साले जाकर पिताजी को राज़ी करवा दे। तेरे कहने से ही वे हमारे साथ आयेंगे।'

'मैं ऐसा नहीं करूँगा मुकुन्दन भैया।' हालाँकि वह डरे हुए थे पर उनकी आवाज़ दृढ़ थी। छोटे भैया का जवाब सुनते ही हट्टे–कट्टे शरीर वाले बड़े भैया ने उन्हें कुरते के साथ गर्दन पकड़कर लटकाया।

'साले कुत्ते, तेरी तो मैं ऐसी शामत करूँगा कि...पिताजी को फुसलाकर सारी सम्पत्ति हड़पने का इरादा है क्या? तेरी दाल यहाँ नहीं गलेगी।'

छोटे भैया बहुत डर गये थे। उन्हें यह भी नहीं सूझा कि क्या बतायें। बड़े ही दयनीय स्वर में मुझसे कहा–

'बिटवा बलराम, कम–से–कम तू तो मुझ पर भरोसा रख। मुझे वह सम्पत्ति और पैसा कुछ भी नहीं चाहिए। तू ही समझा दे अपने बड़े भैया को...'

मुझे बहुत बुरा लगा। जन्म से मैं गोरा और छोटे भैया काले थे। शायद इसलिए माँ ने हमें कृष्ण और बलराम पुकारा होगा। बचपन में माँ मुझे बिटवा पुकारती थी। वह सुनकर छोटे भैया भी मुझे बिटवा बुलाने लगे थे। बाद में बड़ा होने पर छोटे भैया ने वह आदत छोड़ दी थी। आज...! बरसों पहले की उस पुकार का कोमल स्पर्श धीरे–धीरे मेरे अन्तर को पिघलाने लगा।

मैं उन दोनों को रोकने ही वाला था कि बड़े भैया का बवण्डर–सा हाथ छोटे भैया की छाती पर पड़ चुका था। मार खाकर वह नीचे गिर पड़े। पर जब बड़े भैया दुबारा मारने वाले थे तो छोटे भैया बड़ी चतुराई से परे हट गये। वज़न ज़्यादा होने के कारण बड़े भैया के हाथ उतने लचीले नहीं थे। 'अरे बदमाश कंस' कहते हुए छोटे भैया उठे। उनकी तरफ़ से जब लगातार चार–पाँच वार चेहरे और गर्दन पर लगे तो बड़े भैया थोड़ा लड़खड़ाये, ज़ोर से मुझे बुलाया।

'क्या देख रहा है बलराम, इधर आ।'

एक पल के लिए मैं सारे ख़ून के रिश्ते भूल गया। दौड़कर छोटे भैया की कमर कसकर पकड़ ली। छोटे भैया हिल न सके। बिना आँख–नाक देखे बड़े भैया उन्हें पीटने लगे। छोटे भैया मेरी पकड़ में पड़कर तड़प रहे थे। उनकी धोती उतर गयी। कमर का काला धागा दिखने लगा। बचपन में माँ द्वारा देवी का मन्त्र जपकर बाँधा हुआ धागा। बचपन की वे यादें मेरी नसों को फिर से निर्जीव करने लगीं। ऐसा लगा माँ आकर मेरी हथेलियाँ खींच रही हैं। पसीना छूटने लगा, मेरे हाथ शिथिल होने लगे। छोटे भैया ने उस अवसर का लाभ उठाया और अपना दाहिना पैर उठाकर एक ज़ोरदार लात मारी। उस अप्रत्याशित लात से मैं दूर जाकर गिरा। एक गमले के ऊपर सर के बल गिर पड़ा। शरीर में असहनीय दर्द हो रहा था। उन दोनों की गुत्थमगुत्था अब आँगन से बगीचे की तरफ़ आ गयी थी। दर्द के कारण मैं सब कुछ भूल गया, क्रुद्ध होकर मैं उठ बैठा। फिर से जाकर छोटे भैया की कमर कसकर पकड़ ली। मेरी उस पकड़ से भैया हिल नहीं पाये। शारदा भाभी पिछवाड़े से दौड़कर आ रही थीं। उन्होंने तलवार जैसा एक चाकू बड़े भैया के हाथ में थमा दिया।

छोटे भैया के शरीर से ख़ून निकलने लगा। चाकू ख़ून से लथपथ था। उनकी चीख़ की आवाज़ धीमी पड़ने लगी। सर एक तरफ़ झुक गया

बड़े भैया रुकने का नाम नहीं ले रहे थे। मैं और भाभी मिलकर उनको क़ाबू में लाये थे। कराहते हुए वह मनी प्लांट के पास गिर गये।

अन्दर कमरे में इन सबसे बेख़बर पिताजी लेटे थे। सौभाग्य था कि उनकी दृष्टि और सुनने की शक्ति धुँधली पड़ गयी थी। जाकर बुलाने पर पिताजी ने बड़ा विरोध किया था। ज़बरदस्ती उठाने लगा तो हाथ झटक दिये। उनकी भयातुर आँखें छोटे भैया को ढूँढ़ने लगीं।

जैसे ही बड़े भैया ने उन्हें ज़बरदस्ती उठाकर कार में बिठाया तो पिताजी चुप हो गये, कोई विरोध नहीं दर्शाया। शायद मालूम हुआ होगा कि विरोध करने से कोई फ़ायदा नहीं। मैंने सिर्फ़ एक बार पिताजी की आँखों का सामना किया। उनमें नफ़रत और शक की आग जल रही थी।

तभी कुछ बूँदाबाँदी होने लगी। जलते चेहरे पर बारिश की बूँदें गिरीं तो राहत महसूस हुई। दिल ने चाहा कि छोटे भैया को बगीचे से उठाकर बरामदे में लिटा दूँ और धोती पहनाकर नग्न शरीर को ढँक दूँ। लॉन के बीच पहुँचते ही बड़े भैया ने मुझे देख लिया। बड़े ही रूखे स्वर में कार में बैठने की आज्ञा दी। उनकी बातों पर ध्यान दिये बिना दो क़दम और आगे रखे। फ़ौरन बड़े भैया कार से निकल पड़े। मैं तुरन्त रुक गया और पीछे मुड़ चला। उस लॉन में बैठकर ज़ोर से रोना चाहा पर बड़े भैया ने वह भी होने नहीं दिया। एक यन्त्र की तरह मैं गाड़ी में जा बैठा। बड़े भैया की आज्ञानुसार पिताजी के हाथ कसकर पकड़े।

एक भयंकर आवाज़ सुनकर यादों से जाग उठा। सोफ़ा से जल्दी से उठा। बन्द कमरे से पिताजी के ठहाका मारकर हँसने की आवाज़। हा..हा...हा... ।

बड़े भैया और भाभी दरवाज़े पर खड़े हैं। एक विकृत हँसी के साथ भैया ने कहा–

'पिताजी हमारी खिल्ली उड़ा रहे हैं।'

भैया की वे बातें सुनकर मुझे उनके चेहरे पर थूकने का मन हुआ। अन्दर ही अन्दर दिल तड़प रहा था। मैंने कुछ नहीं कहा। थोड़ी देर बाद वह हँसी धीरे–धीरे थम गयी। राहत के साथ वापस मुड़ते वक़्त भैया का दृढ़ स्वर सुनायी दिया–

'पिताजी को ज़्यादा समय इधर ठहराना ठीक नहीं बलराम। कल ही वकील को बुलाकर ज़मीन लिखवाने की व्यवस्था करनी चाहिए। पिताजी से ज़बरदस्ती दस्तख़त करवाने पड़ेंगे।'

थोड़े भय के साथ वे बोले, 'तेरे छोटे भैया का क्या भरोसा, आज रात ही वह आकर पिताजी को ले जाये शायद। हमें सतर्क रहना है बलराम।'

मुझे उनसे नफ़रत होने लगी थी। ख़ून से लथपथ बगीचे में बारिश के पानी से भीगा वह आदमी अब मुठभेड़ के लिए आयेगा?

मेरी आँखें गीली हो रही थीं। मैंने कहा, 'मुझे ये सम्पत्ति नहीं चाहिए भैया। हमें जो कुछ भी चाहिए पिताजी ने बँटवारा करके दे दिया। छोटे भैया और पिताजी को हम उनके रास्ते छोड़ दें।'

मेरी बातों को अनसुना करके भैया ने दूसरी बोतल खोली। नफ़रत से भरे मन से मैं डाइनिंग हॉल की तरफ़ चला। माँ की तस्वीर से आँखें न मिलायीं। खिड़की से बाहर के नज़ारे देखने लगा। चाँदनी आँगन में सुनहरा रंग दे रही थी। बगीचे के गमलों के बीच काले साँप की तरह सिंचाई की पम्पें। सिंचाई के साधन।

सहसा गेट के बाहर एक काला अक्स नज़र आया। दीवार के समानान्तर चलकर वह गेट के सामने आकर रुक गया।

कौन होगा इस आधी रात में? अचानक होश की एक लहर दिल में दौड़ आयी। बड़े भैया को पुकारते हुए मैं डाइनिंग हॉल की तरफ़ दौड़ा। मेरी आवाज़ सुनकर भैया और भाभी घबरा गये। हाँफते हुए मैंने बताया, 'गेट पर कोई खड़ा है। शायद छोटे भैया होंगे।'

भैया और भाभी चौंक पड़े। मैंने जल्दी से अपने आपको संयमित किया। मेन स्विच ऑफ़ करने और पिताजी के कमरे में ताला लगाने का निर्देश मैंने भाभी को दिया।

एक बड़ा चाकू निकालकर बड़े भैया ने कहा, 'बलराम मैं सामने दरवाज़े पर पहरा दूँगा। शायद वह पिछवाड़े से आयेगा, इसलिए तू पिछवाड़े के दरवाज़े पर खड़ा हो जा। हाथ में कुछ न कुछ ले ले।'

मैं उत्साहित था। कीचड़ में तैरने वाली मछली अब दिल के कोने में बैठ गयी, शिकार की ताक में बैठे जंगली जानवर की तरह। मेज़ पर रखी शराब एक घूँट पी ली। होंठों को पोंछकर भाभी के पीछे रसोई में पहुँचा। उन्होंने एक चाकू निकालकर मुझे दिया मैंने कहा, 'यह काफ़ी नहीं है।'

फिर उन्होंने लोहे की कुदाल निकालकर दी। मैंने उसे हाथ में ले लिया। दरवाज़े के पीछे चौकन्ना खड़ा रहा।

कमरे में ताला लगाकर जब भाभी वापस आयीं तो मैंने कहा–

'भाभी चाबी को ऐसे हाथ में मत रखिए, कहीं छिपाकर रखिए ताकि वह ढूँढ़ न पायें। फ्रिज के फ्रीजर में रख दीजिए।'

घर के दोनों ओर हम दोनों खड़े रहे। अपनी जान देकर भी पिताजी की रक्षा करने पर तुले थे हम। ख़ामोशी के ख़ौफ़ से भरे पल...

अचानक दरवाज़े पर दस्तक सुनायी पड़ी। मैंने दरवाज़े पर कान लगाकर ध्यान दिया–'सामने के दरवाज़े पर है भैया, सावधान रहिए।'

पर उनके जवाब से मैं पसोपेश में पड़ गया।

'पीछे के दरवाज़े से है बलराम। तू सावधान रह।'

ख़ामोशी के कुछ पल और...फिर से दस्तक शुरू।

मैंने दुबारा दरवाज़े पर कान लगाया सन्देह से चार फ़ीट हटकर खड़ा हो गया, फिर अपनी छाती पर हाथ रखा। हे भगवान! बार–बार छाती पर हाथ रखा।

कोई धीरे–धीरे बड़े आर्द्र स्वर में पुकार रहा था।

सहसा अन्दर के कमरे से पिताजी की पागल हँसी मुखरित होने लगी।

जलशायी

वह बिना किसी को ख़बर किये बाहर निकल गये। सब दोपहर की झपकियाँ ले रहे थे। तुलसी स्तम्भ पर बैठकर उण्णी कौओं को पकवान खिला रहा था।

'चलोगे मेरे साथ, घाट तक?'

'किसलिए पापा?'

बड़े चाव से वह कौओं को दावत दे रहा था कि उसे और कहीं जाने का मन नहीं था।

मेरे साथ आओगे तो एक ख़ास चीज़ दिखाऊँगा। 'उन्होंने उण्णी के कान में फुसफुसाया–'महाविष्णु की एक मूर्ति। एक बार इसके बारे में मैंने तुझसे कहा था। याद है क्या?'

सुनते ही उण्णी तैयार होकर उठा। उसके पीछे फ़ौरन वह भी चल पड़ा। केले के बाग़ से गुज़रते वक़्त सन्देह के साथ उसने पूछा–'वह काव, तालाब और विष्णु सब उसी तरह उधर होंगे क्या पापा?'

चिन्ता का साया उनके मन में भी मँडराने लगा। कुछ भी निश्चित नहीं। समय काफ़ी गुज़र चुका है। फिर भी उन्होंने कहा–

'होगा। उनका कोई नाश नहीं करेगा उण्णी।'

उनकी आवाज़ बहुत ही विकृत और अपरिचित थी मानो किसी गुफ़ा से निकल रही हो। विस्मय के साथ उन्होंने पाया कि दो–तीन दिन के अन्दर उनकी आवाज़ कितनी बदल गयी है। बिना भोजन के तीन दिन तक कमरे में बन्द रहने का आलस्य। कामी और विशालम चकित हो गयी होंगी। वे सोच रही होंगी कि भैया को अब क्या हो गया जो माँ की मौत पर भी देखने नहीं आया था। माँ की मृत्यु की ख़बर मिलने पर सिर्फ़ एक शोक सन्देश भेजकर अपने कर्तव्य से निवृत्त हुआ, शातिर हूँ न मैं।

इकलौता बेटा...खेत के मेंड़ों से होकर उण्णी का हाथ पकड़कर जब आया तो कामी और विशालम अविश्वास की दृष्टि से हमें घूर रही थीं। मन में सोच रखा था श्राद्ध कर्मों को पूरा करके अगली सुबह ही वापस निकल जाऊँगा। इन दिनों बहुत व्यस्त भी था। पर आते ही बड़ी मुश्किल में फँस गया। कमरे में घुसते ही मन में ऐसा दर्द हुआ जैसे समुद्र में कोई ख़ज़ाना खो गया हो। लम्बे अन्तराल के बाद अपने गाँव वापस आने की ख़बर पाकर आने वालों को मुँह तक न दिखाया। कामी ने उसके लिए पुराना स्टडी रूम ही तैयार कर दिया था। उस कमरे में माँ की उपस्थिति उसे महसूस होने लगी। पहले तो कुछ अजीब ज़रूर लगा, पर धीरे–धीरे उसे उस उपस्थिति की अजीब गन्ध से एक निकटता महसूस हुई।

उसके साथ कमरे में जमी पुस्तकों की महक भी आ रही थी। जीर्ण–शीर्ण शेल्फ़ पर उसके बचपन की पुस्तकों का संग्रह। परीक्षा के समय आधी रात तक जागकर बैठने से डरते थे। तब हमेशा माँ साथ देती थी। पढ़ाई के दौरान जब भी पीछे मुड़कर देखते तो पलक झपे बिना, नींद के आलस्य के बिना साथ बैठने वाली माँ को देखकर चकित रह जाते थे। बाद में उच्च शिक्षा के लिए विदेश जाते वक़्त माँ ने सपने में भी नहीं सोचा होगा कि मैं वहीं बस जाऊँगा और एक क्रिश्चियन लड़की के साथ शादी रचाऊँगा। इस दौरान माँ के पास आने के लिए भी वह समय न निकाल सका। जीवन की व्यस्तता के बीच कभीकभार लिखने वाली चिट्ठियाँ भी रुक गयी थीं।

यादों में खोकर जब भी पलकें झपकी लेने लगतीं कि माँ तुरन्त कमरे में आ जाती। कमरे के एक कोने में खड़ी होकर भर्राई आँखों से उसे देखती रहती। धीरे–धीरे वे होंठ हिलने लगे–'मरने से पहले मैंने कितनी बार पूछा तेरे बारे में...तुझे एक बार देखने का बड़ा मन था। शुक्र है, कम–से–कम अब मिलने का सौभाग्य प्राप्त हुआ इस माँ को।' माँ की बातों में कहीं भी उसे दोषी ठहराने वाला स्वर नहीं था, यह उसे और उदास कर रहा था। उसे वह रात याद आयी जब वह पेटदर्द से कराह रहा था। एक पल भी पलक झपकाये बिना माँ उसका पेट मल रही थी। जब भी मैं कराहता तो माँ का मुँह ऐसा हो जाता था जैसे दर्द उसे ही हो रहा हो। उन यादों में खोकर बिस्तर पर लेट गया और रोने लगा। इस तरह यादों ने दो दिन उसे उसी कमरे में क़ैद कर रखा था।

बिना सूरज की रोशनी और हवा के उसका दिल और दिमाग़ सड़ता जा रहा था।

जब भी उसने अपनी माँ की यादों से दूर जाने की कोशिश की तो उसका मन तालाब की महाविष्णु की मूर्ति की ओर गया। चार भुजाओं वाली ग्रेनाइट की मूर्ति जो एक हाथ की पकड़ में आने वाली थी। मूर्ति की दाहिनी कोहनी और तलवार की नोक टूट चुकी थी। होंठों के दोनों ओर से उभरने वाली मुस्कान।

तैरना सीखने से बहुत पहले ही उसने अपनी माँ से तालाब की कीचड़ में पड़ी पुरुषोत्तम मूर्ति के बारे में कहानियाँ सुनी थीं। शंख और पद्म के स्थान पर धनुष और तलवारधारी ग्रेनाइट की एक अपूर्व मूर्ति। तालाब के पीछे जंगल के 'काव' में एक मन्दिर था। बाद में कभी चीब्लू के साथ जब काव गया तो वहीं पर उसने मन्दिर के कुछ खँडहर देखे थे। इक्केरी नाईक* नये क़िले के निर्माण के लिए मन्दिर के बड़े ग्रेनाइट पत्थर ले गये थे।

आख़िर उन लोगों ने मूर्ति उखाड़कर तालाब में फेंक दी थी। पत्थर की सीढ़ियों से लुढ़ककर गिरने से उसकी तलवार और कोहनी टूट गयी थी। माँ की कहानियों में उसे यही कहानी बड़ी अविश्वसनीय लगी थी।

फिर भी बहुत पहले ही यानी कि माँ के नाना की यादों से भी पहले उस तालाब में मूर्ति पड़ी थी। तालाब की गहराई में गोता लगाने वाले सभी ने उसकी रोशनी देखी है। कीचड़ भरे तालाब के तल तक गोता लगाने में सक्षम साहसी लोगों ने उस मूर्ति को हथेली में उठाकर सीढ़ियों में धूप से बचाकर लिटाया था। ऐसे ही एक दिन माँ के साथ आकर उसने पहली बार वह मूर्ति देखी थी।

फिर धीरे–धीरे वह मूर्ति उनके बचपन का एक हिस्सा बन गयी थी। साथियों के साथ खेलते वक़्त कभी–कभी वह भी तालाब की गहराई में गोता लगाने की कोशिश किया करते। फिर जब कुछ मिनटों तक पानी में गोता लगाने में सक्षम हो गये तो एक बार उन्होंने कीचड़ भरे उस तालाब के तल को छुआ था। जल्दी ही एक दिन वह एक विजयी के

---

* इक्केरी नाइकों ने कर्नाटक के दक्षिणी भाग पर 16वीं सदी से 18वीं सदी तक शासन किया था। प्रारम्भ में वे विजयनगर साम्राज्य के स्थानीय शासक थे, लेकिन विजयनगर के विनाश के बाद वे स्वतन्त्र शासक बन गये।

सामान उस ग्रेनाइट की मूर्ति को लेकर पानी के ऊपर आये। उन्होंने विष्णु की उस मूर्ति को नीम और बिल्व से ढँकी सीढ़ियों पर सूरज की रोशनी से छिपाकर लिटा दिया। उनके साथी विस्मित नेत्रों से उसे देखने लगे।

फिर यह एक नियमित कार्य हो गया। कीचड़ भरी उस मूर्ति को सीढ़ियों पर बिठाकर स्नान करवाते। धोते–धोते उस मूर्ति की चमक बढ़ने लगी। उसके लिए फूलों की माला बनायी। रंगीन पत्थर रगड़कर जो–जो रंग मिला उससे उसे सजाया–सँवारा। सब कुछ ऐसा लग रहा है जैसे कि कल हुआ हो। अन्त में वह विष्णु को तालाब के गर्भ में कहीं रख देगा। उसके साथी चोमन, बैरन, मलिंकन आदि आराधना भरी दृष्टि से उसे देखते थे। वे चरवाहे थे, इसलिए किसी ने उन्हें मूर्ति को छूने से मना किया था। लेकिन एक दिन जब कोई नहीं था तो चीब्लू ने मूर्ति को सजाने की हिम्मत की। उनके विरोध को चीब्लू ने नज़रअन्दाज़ किया। मूर्ति को अपनी गोदी में रखकर, उसका गोरा हाथ अपने काले हाथ में थामकर चीब्लू काफ़ी देर तक पत्थर की उन सीढ़ियों पर बैठी रही।

उन बीती बातों को याद कर जब वह बगीचे से गुज़र रहा था तो उण्णी की शंकाओं का ठीक–ठीक समाधान वह न कर सका। तीन दिन की लगातार मानसिक पीड़ा ने उसे बहुत थका दिया था। तब तक उसे विश्वास हो गया कि तालाब का घाट और वह प्रतिमा ही उसे राहत देगी। इस तरह वह बिना किसी को ख़बर किये बाहर निकल गया। जंगली रास्तों पर चलना उन्हें बेहद मुश्किल लगा। उण्णी को उन्होंने अपने कन्धे पर उठा लिया। आख़िरकार तालाब दिखाई दिया सब कुछ पहले जैसा था। लेकिन तालाब के चारों तरफ़ जंगली पौधों का घर बन गया था। काव थोड़ा और घना हो गया था। काव से पत्थर की सीढ़ियाँ उतरकर तालाब का पानी पीने उतरने वाली पीली फूल वाली लताएँ। दीवार पर चाँदी की लताओं का हवा में झूमने का सुन्दर दृश्य। पानी बीवा के फलों से भरे हुए हैं।

उण्णी हर चीज़ को हैरानी से देख रहा था। उण्णी की उम्र में तालाब के किनारे उनका खेलना, पानी में गोता लगाना, फिर गोता लगाकर मूर्ति हासिल करना जैसी अनगिनत प्यारी यादें उनके दिमाग़ से गुज़रीं। उसके साथ तैरने वाले वे चरवाहे साथी आज किस किनारे होंगे!

वह दो सीढ़ियाँ नीचे उतरा और अपना कुर्ता उतार दिया। चिन्ता के साथ पास आये उण्णी से उसने कहा–

'उण्णी, तुम सीढ़ियों पर बैठ जाओ मैं डूबकर मूर्ति लेकर आऊँगा।'

'नहीं पापा।' घबराते हुए उण्णी ने कहा। 'इतना बड़ा जंगल और तालाब, मुझे बहुत डर लगता है।'

उण्णी को शान्त करके वह बड़े उत्साह के साथ तीन–तीन सीढ़ियों से होकर उतरने लगा। पत्थर की सीढ़ियाँ बहुत छोटी हो गयी हैं। पहले तो प्रत्येक सीढ़ी बहुत बड़ी थी। सीढ़ियाँ सभी हरी घास से ढँकी हुई हैं। उसे लगा कि लम्बे अरसे से कोई भी तालाब का उपयोग नहीं कर रहा है। पानी में पत्ते गिरकर सड़ रहे हैं। आकाश की नसों की तरह गुदुची की महीन लताएँ तालाब के पानी में लटक रही हैं और हवा में झूमकर बिल्व फलों को छू रही हैं। वह अपने घुटनों तक पानी में उतरा तो पूरा शरीर सिहरने लगा और रोंगटे खड़े हो गये। तभी दो बड़े साँप एक के बाद एक करके दूसरी तरफ़ बहकर जाते देख वह चौंक गया। शुक्र है, उण्णी ने नहीं देखा। नहीं तो वह चीख़ने लगता। हालाँकि उसे भी डर लग रहा था, पर वह पीछे नहीं हटा। तैरते वक़्त पहले तो उसे तल को स्पर्श करने की साँस नहीं मिल रही थी। फिर धीरे–धीरे तालाब के निचले तल को स्पर्श कर सका। पुराने अभ्यास के बल पर वह कीचड़ भरी उस गहराई में ढूँढ़ने लगा। जिस स्थान पर गणना की थी, उस स्थान पर मूर्ति न मिलने पर वह निराश हो गया फिर से स्थान याद करके वह डूब चला। आख़िरकार थककर वह पत्थर की सीढ़ियाँ चढ़कर ऊपर आया। उण्णी के पास आकर वह गहरी साँस लेने लगा।

तालाब के किनारे खीरे के खेत के पास एक काला लड़का खड़ा था। हाथ में पीले और हरे रंग के खीरे। लड़के का चेहरा उसके बचपन के साथी बैरन से मिलता था। शायद उसके घर का होगा। हाथ से इशारा करके बार–बार बुलाया, पर वह लड़का उनके पास नहीं आया। पत्थर की तरह वहीं अड़ा रहा। उण्णी भी उसकी ओर ध्यान दे रहा था।

मूर्ति खोजने की कोशिश उसने नहीं छोड़ी। थकान दूर होने पर वह फिर पत्थर की सीढ़ियों से नीचे चला गया जैसे ही वह तालाब में उतरने लगा, अचानक एक चीख़ ने उसे रोक लिया। जब वापस आया तो पाया कि वह काला लड़का खेत पर गिर पड़ा है और तड़प रहा है। जैसे ही वहाँ पहुँचा तो देखा कि उसके माथे से ख़ून बह रहा है।

उन्होंने उण्णी की तरफ़ इशारा किया। उण्णी के हाथ में ग्रेनाइट के दो टुकड़े थे। उन्होंने अपनी बनियान फाड़कर उसके माथे का ख़ून पोंछ दिया कुछ जड़ी–बूटियों को तोड़कर घाव पर लगाया गया। उस दौरान भी वह चुपचाप उन दोनों को घूरता रहा। वह काफ़ी घबरा गया था। जैसे ही उन्होंने अपना हाथ लड़के के कन्धे से हटाया, तो वह खेत के रास्ते से होकर बगीचे के अँधेरे में छिप गया।

उसने उण्णी को डाँटा। लेकिन उण्णी ने अपनी बेगुनाही दोहराई कि उसने बिल्व का फल गिराने के लिए पत्थर फेंका था, उसे और कुछ मालूम नहीं था। जब उसने कहा कि तुमने जान–बूझकर किया है तो उण्णी की आँखें भर आयीं। ग्रेनाइट के पत्थर को तालाब के पानी में फेंककर वह अपने घुटनों के बीच मुँह छुपाकर सीढ़ियों पर बैठ गया। उसे वहीं छोड़कर, वह अतीत की यादों को ताज़ा करते हुए पानी की तलहटी में डूबने लगा। वह ख़ुश था कि हर बार जब वह डूबता, अपने बचपन तक पहुँचता। पर हर बार निराशा हाथ लगती। तालाब का एक–एक इंच खोजने के बावजूद भी वह मूर्ति को न छू सका। उसे केवल एक कछुए का खोल और ऊदबिलाव की हड्डियाँ मिलीं। उसने महसूस किया कि जितना अधिक वह अपने आपको ठण्डे पानी में डुबोता उतना अधिक उनका दिमाग़ जलता। उसे उम्मीद थी कि कमरे में बन्द रहने पर या इस तालाब में डुबकियाँ लगाने से सभी दुखों से छुटकारा मिलेगा। लेकिन...।

काफ़ी समय तैरने से वह बहुत थक गया था। जलते हुए मन से वह फिर से सीढ़ियाँ चढ़ने लगा। अब थोड़ा आराम करना है। सीढ़ियाँ चढ़कर ऊपर आने पर वह डर गया उण्णी जहाँ बैठा था वे सीढ़ियाँ ख़ाली हैं। उसने उण्णी को ज़ोर से पुकारा। वह तालाब के चार किनारों से होकर जंगली झाड़ियों की तरफ़ भागा। उसकी आँखें भरने लगी जब उसे यह विचार आया कि वह जीवन की एक–एक चीज़ खोते जा रहा है। कुछ आहट सुनकर वह पलट गया कामी और विशालम बगीचे से होकर दौड़कर आ रही थीं। पीछे उण्णी भी है। उसे बड़ी राहत महसूस हुई।

गीले कपड़े पहनकर थककर खड़े अपने भैया को देखकर कामी और विशालम चकित रह गयीं। उसकी आँखें काफ़ी लाल हो गयी थीं जैसे कि ख़ून बह रहा हो। 'बाप रे! आप यह क्या कर रहे हैं भैया?' पूछते हुए विशालम ने उसे थामकर सीढ़ियों पर बिठाया। कामी साड़ी का पल्लू

उठाकर चुपचाप उसका सिर पोंछने लगी। कुछ समय तक यह चला। फिर कुछ कठोर स्वर में कामी ने पूछा–

'भैया आप ऐसी हरकत क्यों कर रहे हैं? नहाने के लिए गरम पानी हम कर देते। क्या आप जानते हैं, इस तालाब में अब कोई नहीं नहाता।'

उसके विस्मित नेत्र देखकर कामी ने कहा।

'उस बैरन की बहन ने इसी तालाब में कूदकर ख़ुदकुशी की थी। एक हफ़्ते बाद जब लाश मिली तब तक सब कुछ पानी में घुल चुका था।'

'कौन, चीब्लू?' भीतर से अचानक उठे एक झटके के साथ उसने पूछा।

'क्या आप यह भी भूल गये कि बैरन की सिर्फ़ एक बहन थी?' कामी ने एक पल के लिए उसका सर पोंछना बन्द कर दिया और फिर जारी रखा।

'हाँ, आपको तो पुरानी बातें याद करने की आदत नहीं न? मैं पूछने ही वाली थी...क्या आपकी व्यस्तता ख़त्म होने के बाद ही आप माँ के श्राद्ध कर्म के लिए आये थे या फिर किसी कार्यालयी काम के लिए आये हैं?'

उसने जलते हुए मन से मुँह फेर लिया। अक्सर कामी व्यंग्यात्मक बातों से उसे दुःख देती है। उसे पता है कि ऐसी बातें कामी ग़ुस्से में नहीं कह रही थी। बचपन से ही वह काफ़ी मुखर रही है। विशालम ठीक उल्टी है। चाहे कितनी भी मानसिक पीड़ा क्यों न हो विशालम सब कुछ अपने अन्दर रखेगी। सर सूखने के बाद भी कामी पोंछती रही। वह उसके शरीर से चिपकी रही ताकि उसका सर न छूट जाय। फिर शान्त स्वर में कहा–

'अभी जाओगे तो भैया आगे आप किसके श्राद्ध पर आओगे? कब आपकी व्यस्तता ख़त्म होगी। कम–से–कम उण्णी की माँ को देखने का सौभाग्य हमें दिला दो भैया।'

उस निर्मल स्नेह के आगे उसके मन का सन्तुलन खो गया था। उण्णी के सामने होते हुए भी, वह फूट–फूटकर रोने लगा। ये सब देखकर उण्णी चकित रह गया। सीढ़ियों पर पड़े कुरते को उठाकर विशालम ने उसे पहनाया।

माहौल थोड़ा हल्का हो गया तो उसने कामी और विशालम से कहा–

'तुम लोगों को याद है, इस तालाब की गहराइयों में पहले एक ग्रेनाइट की मूर्ति थी। इतनी देर मैं डुबकी लगाकर उसे ढूँढ़ रहा था।'

'हे भगवान्! दोनों चौंक पड़ीं। पानी की इस गहराई में?' फिर एक कृत्रिम मुस्कान के साथ विशालम ने पूछा, 'भैया क्या आप कुछ नहीं भूले?'

उसका दाहिना हाथ अपने हाथ में लेते हुए कामी ने कहा, 'भैया आप को लगता है कि वह मूर्ति इतने लम्बे समय तक इस तालाब में रहेगी। किसी ने उठा ली होगी और अच्छी क़ीमत पर बेची होगी।

उसने कामी, विशालम और उण्णी को यह कहकर वापस भेज दिया कि उसे दस मिनट और इस तालाब किनारे अकेले बैठना है। उसे याद आये बचपन के वे दिन जब उसने माँ की उँगली थामे इस तालाब पर आकर विष्णु की मूर्ति का दर्शन किया था। तभी कोई उस कीचड़ भरी मूर्ति को धूप से बचाकर सीढ़ियों पर लिटाकर धो रहा था।

वह आकुल था कि उसका मन भी कीचड़ भरे इस तालाब के समान सड़ क्यों गया! उसके ताल पर ऐसी कोई सुवर्ण यादें नहीं थीं जिन्हें स्नान कर मिटाया जा सके। और फिर भी क्यों भगवान्, चीब्लू की सड़ी–गली लाश से घुल गये और इस पानी में मैं एक पुरुषोत्तम मूर्ति की तलाश में क्यों डुबकी लगा रह हूँ?

यादों का स्नान करवाने की अदम्य वांछा से वह पत्थर की सीढ़ियों से फिर उठा। अपने द्वारा उठाये गये प्रश्नों की सारी बाधाएँ माँ की गोदी में बैठकर विस्मय से तालाब की गहन गहराई देखने वाले बच्चे की मासूमियत के आगे हट गयीं। सारे कपड़े उतारे और सीढ़ियों के नीचे पानी की गहराई में चला गया।

माँ ने सँभाला। धीरे–धीरे...।

तालाब के स्थूल परिधान में चीब्लू लहरों–सी मुस्कुराने लगी।

फिर विष्णु का प्रकाश।

कछुए की ज़िन्दगानी

आकाश के अँधेरे गर्भ से बिजली की भाँति एक बाज़ भूमि पर उछल पड़ा। रात के धुँधलके की तरह अकेली खड़ी उस झोंपड़ी के ऊपर चक्कर लगाते हुए बाज़ चिल्लाने लगा–

'लो, रोशनी आ गयी।'

झोंपड़ी के आँगन में बैठे अखिल ने कई रातों से टूटी नींद से भरी अपनी पलकों को सायास खोलकर पूर्व की ओर देखा। वह सच था। ऊनी कम्बल ओढ़ सो रहे काले पहाड़ों के पीछे से मन्द पीली रोशनी धीरे–धीरे फैल रही थी। साधारणतया बाज़ इतने सवेरे नहीं आया करता था। अखिल चिन्ता से घबरा गया, कहीं कुछ गड़बड़ी तो नहीं है? बाज़ के इस तरह रोने का कोई और कारण है?

सीमेंट टैंक की ओर सरककर अखिल ने शंका से अन्दर झाँककर देखा। दोनों कछुए ज़िन्दा हैं। 'भगवती' कछुआ चक्कर लगा रही है। उसे एकटक देखते हुए 'नीरालियन' कछुआ निश्चल खड़ा है। भगवती के लोहे जैसे खोल पर अखिल ने प्यार से हाथ फेरा। पानी में चक्कर लगाने वाली भगवती तुरन्त निश्चल हो गयी। तब नीरालियन भगवती की ओर मुश्किल से सही पर जोश से तैरते हुए पहुँचा। होंठों को आपस में छूकर दोनों ने थोड़ी देर जैसे बातें कीं। फिर नीरालियन ने उसके ऊपर चढ़ने की कोशिश की। लेकिन, हर बार उसकी कोशिश नाकाम रही।

नीरालियन के आगे के पैर कटे हुए थे। जहाज़ के प्रोपेलर पर टकराकर कट गये होंगे। नहीं तो शार्क ने काटे होंगे। तैरने में असमर्थ होकर बाहरी सागर पर पड़े नीरालियन को तन्कुटन लेकर आया था। समुद्र में हो या ज़मीन पर इस तरह मुसीबत में फँसे कछुए किसी–न–किसी तरह तन्कुटन के हाथ में आ जाते। फिर झोंपड़ी के सामने रखे टैंक के

खारे जल में उनका आरामदायक उपचार चलता। कितने कछुओं को उसने इस तरह घावों पर मरहम लगाकर, उपचार करके चंगा किया और समुद्र में वापस छोड़ा था। इसको नीरालियन नाम भी उसी ने दिया था। मादा कछुए के नाम रखने का अधिकार वह हमेशा अपनी पत्नी सुधर्मिणी को सौंपता था।

भगवती से यौन सम्बन्ध रखने का नीरालियन का हर प्रयास नाकाम होता रहा। तब पीछे से एक स्त्री की आवाज़ आयी–'बेचारा'!

एक हल्का–सा झटका काँपते हुए अखिल के शरीर से गुज़रा। उसे पता नहीं था कि सुधर्मिणी उसके पीछे आकर खड़ी है।

अखिल ने कोई जवाब नहीं दिया! उसने किसे बेचारा कहा होगा? नीरालियन को या फिर भगवती को?

बाल्टी से एक मग जेली फिश लेकर टैंक में डालने के बाद अखिल के ठीक पीछे घुटनों के बल बैठकर सुधर्मिणी बोली–

'तुम्हें क्या हुआ अखिल...तुमने तो रात को खाना भी नहीं खाया?'

'भूख नहीं थी'...अखिल झूठ बोला।

उसके घने बालों में उँगली फेरते हुए सुधर्मिणी ने कहा–

'कभी–कभी मुझे तुम पर बड़ी ममता आती है।'

उसने बेचैनी से सर झुका लिया।

'जैसे–जैसे दिन गुज़र रहे हैं, मैं अपने–आप को दोषी मानने लगा हूँ।'

अखिल की सूजी हुई आँखों को देखकर आश्चर्य के साथ सुधर्मिणी ने पूछा–

'तुम कल भी बिल्कुल नहीं सोये?'

बिना कुछ जवाब दिये उसने आँगन की सफ़ेद रेत पर नज़र डाली। एक जगह रेत धीरे–धीरे नीचे हो रही थी, मारे ख़ुशी के वह चिल्लाया।

'वह देखो।'

पर वह नज़ारा, सुधर्मिणी को परेशान करने लगा। अपने सर पर हाथ रखकर वह ईश्वर को पुकारने लगी–

'हे देवी माँ...इस वक़्त अण्डे क्यों निकल रहे हैं?'

अखिल को भी यक़ीन हो गया कि उसने बेवक़्त ख़ुशी ज़ाहिर की है। अण्डे निकलने का समय एक हफ़्ते तक बीत चुका था। बीती कुछ रातों का उसका इन्तज़ार बेकार गया है। अब मिट्टी के अन्दर जीवन

देखकर सहसा ख़ुश हो गया था। दिन में ऐसा होना नहीं चाहिए। रात में ही अण्डे निकलते हैं। क्या प्रकृति का सन्तुलन बिगड़ रहा है? ग़लत समय पर आया बाज़ क्या इसी आपत्ति की सूचना तो नहीं दे रहा था?

पिछले चार–पाँच वर्षों से महाद्वीपों और द्वीपों के तट पर समुद्री कछुए के बारे में जानकारी लेने के लिए भटकते वक़्त कभी भी काल की ऐसी विसंगति नहीं देखी थी। 'ओलिव रिडली की प्रजनन विशेषताएँ' यही था अखिल का शोध विषय। संसारभर में आठ प्रकार के समुद्री कछुए हैं। यहाँ इस वन्नेरी समुद्री तट में सिर्फ़ 'ओलिव रिडली' कछुए ही अण्डा देने आते हैं। पहले 'लेथेर बेक' समुद्री कछुए भी यहाँ आया करते थे। बहुत भीमाकार...क़रीब–क़रीब एक मारुती 800 के जितने होंगे। तन्कुटन कभी–कभी कहा करता था कि बचपन में उसके पिताजी ने अपने चार साथियों के साथ ऐसे ही एक भीमाकार कछुए के ऊपर चढ़कर सवारी की थी। फिर पता नहीं किस कारण से, वन्नेरी में ऐसे भीमाकार कछुए नहीं आये।

बायीं तरफ़ इशारा करके सुधर्मिणी चिल्लाने लगी–'वो देखो अखिल...!'

वहाँ भी रेत में कम्पन...अब पलभर में कछुओं के बच्चे ऊपर आने लगेंगे और समुद्र की ओर जाने के लिए जल्दबाज़ी करेंगे।

सुधर्मिणी को लगा कि आँखों में जैसे अँधेरा छा रहा है। 'कुछ भी समझ में नहीं आता, हे देवी तू ही रक्षा कर!'

उसे वह दिन याद आया जब क़रीब बीस साल पहले तन्कुटन की पत्नी बनकर पहली बार वह इस झोंपड़ी में आयी थी। लड़की देखते वक़्त, शादी रचते वक़्त और समुद्र के किनारे हाथों में हाथ लेकर चलते वक़्त भी मारे शर्म के तन्कुटन से एक शब्द भी नहीं बोला गया। पर जैसे ही इस आँगन में पैर रखा, अपनी सारी शर्मिन्दगी सब भूलकर तन्कुटन सतर्क हो गया था। एक–एक कोने की ओर इशारा करते हुए वह निर्देश देने लगा कि वहाँ क़दम मत रखना, इधर क़दम मत रखना...। कुछ भी समझ में न आ सकने के कारण नयी नवेली दुल्हन चकित रह गयी थी। बाद में तन्कुटन की छोटी बहन ने दुल्हन को सब कुछ समझाया।

वन्नेरी समुद्र तट पर जैसे ही सीज़न आता है, समुद्री कछुए अण्डे देने आया करते हैं। लोग गड्ढा खोदकर अण्डे निकाल लेते हैं और

ऑमलेट बनाकर खाते हैं। बड़े होने के बाद काँटों वाले पौधे का भारी डण्ठल लेकर समुद्री कछुए का रक्षक बनकर तन्कुटन तट पर पहरा देने लगा था। अगर कोई अण्डा खोदने आये तो उसकी पीठ पर ज़ोर से मार पड़ेगी। वैसे तन्कुटन काजल जितना काला था कि रात को उसका आना किसी की नज़र में नहीं पड़ता। तब से अण्डा खोदने से लोग डरने लगे थे।

जैसे ही भोर होती बाल्टी और टॉर्च लेकर तन्कुटन के दौरे की दूसरी बारी शुरू। मिट्टी को हटाकर सारे अण्डे कोई क्षति पहुँचाये बिना बाल्टी में भर लेता है और फिर डेढ़ फ़ीट की गहराई पर घर के आँगन में इधर–उधर गाड़ देता है। जहाँ–जहाँ कछुए अण्डे देते हैं, उन जगहों को ढूँढ़ निकालने में तन्कुटन के जैसा कुशल व्यक्ति वन्नेरी तट में कोई और नहीं था। जिस स्थान पर कछुए अण्डे देते हैं उस गड्ढे को कछुए रेत से ढँक देते है और फिर अपने शरीर के वज़न के बल पर उस जगह को मज़बूत करते हैं। उसके बाद रेत को चारों ओर छिड़ककर आने वाले रास्ते और अन्य संकेतों को मिटा देते हैं। दुश्मनों को धोखा देने के लिए दूसरे मार्ग से वापस जाते हैं।

अण्डे सेने में डेढ़ महीने का समय लगता है। तन्कुटन के घर के चारों ओर मज़बूत बाड़ थी, इसलिए लोमड़ी या कुत्ते गड्ढे न खोद पाते और न ही बच्चों को खा पाते। रात में अण्डे से निकलकर आने वाले बच्चे झोंपड़ी के चारों ओर फैल जाते। सुबह–सुबह कछुए के बच्चों को बाल्टी में डालकर समुद्री तट पर ले जाना सुधर्मिणी की ज़िम्मेदारी है। बड़े वात्सल्य से वह बच्चों को अपने हाथों में उठाती और किनारे लिटा देती। जैसे अपने घर की याद आयी हो, वे बच्चे जल्दी–जल्दी समुद्र की ओर जाने लगते। समुद्र की नमकीन लहरें उन दुलारों को बारी–बारी से गले लगातीं। आख़िरी बच्चे के ग़ायब होने तक सुधर्मिणी किनारे खड़ी रहती।

महासागर में हज़ारों किलोमीटर सफ़र कर, महाद्वीपों से गुज़रकर वे बच्चे वयस्कता प्राप्त करते हैं। दस–सोलह साल के बाद मादा कछुए अण्डा देने के लिए इसी तट पर आते हैं। तन्कुटन ने कई बार अखिल से पूछा था कि पास–पड़ोस के किसी भी समुद्री तट पर जाये बिना इन कछुओं का सिर्फ़ वन्नेरी तट पर ही पहुँचने का राज़ क्या है?

एक शोधकर्ता होने के बावजूद तन्कुटन के इस प्रश्न का कोई सन्तोषजनक उत्तर वह दे नहीं पाया।

एक बार तन्कुटन ने कहा–'चीन की महान दीवार से भी बड़ा अजूबा है न?'

अखिल ने हँसते हुए सर हिलाया। हम केवल मानवीय चीज़ें ही चमत्कार के रूप में सूचीबद्ध करते हैं। प्रकृति में इनसे बड़े कितने अजूबे और हैं। बस हम नहीं जानते।

अखिल ने मन–ही–मन प्रार्थना की कि ग़लत समय और काल पर निकले ये बच्चे आधी रात तक मिट्टी के अन्दर ही रहें। तभी एक बच्चा शीशे की तरह नम और चमकदार काले रंग के साथ रेत के ऊपर आया। चक्कर खाकर समुद्र की ओर मुँह करके खड़ा हो गया अपने अग्र पैरों को आपस में जोड़कर वह निश्छल खड़ा रहा जैसे समुद्र को देखकर प्रणाम कर रहा हो। पलभर बाद चार बच्चे और निकल आये रेत के ऊपर...कमज़ोर थे...वे पहले वाले के साथ जा मिले। दूसरे गड्ढों में से भी चार–पाँच निकल आये। रोशनी से डरकर सब एक जगह इकट्ठे हो गये। अखिल को बड़ी निराशा और दुःख हुआ। अक्सर हरेक गड्ढे से सौ–सौ बच्चे निकल आते थे। पर अब...

'तन्कुटन'...बाड़े के बाहर से किसी की पुकार सुनकर सुधर्मिणी उठ खड़ी हुई। करिप्पिरियन कारणवर और देर्मन सीढ़ियों से ऊपर आ रहे थे। सुधर्मिणी ने इधर से चिल्लाकर कहा–'तन्कुटन घाट पर गया है।'

आँगन पर पहुँचते ही देर्मन ने सर पर रखा बड़ा टोकरा नीचे उतारा। उसमें काफ़ी बड़ा एक कछुआ था। अखिल को देखकर करिप्पिरियन ने कहा–'मेरे घर के निकट पड़ा मिला था। पेट देखो कितना फूला हुआ है? इतना फूला कि उससे चला ही नहीं जाता। तन्कुटन के हाथ लगते ही यह बच जायेगा।'

अखिल ने कछुए को उठा लिया। बीस–पच्चीस किलो वज़न होगा। फिर टैंक के पानी में उसे डाल दिया तब वह ज़रा आँखें खोलने लगा। अखिल ने कहा–'ज़िन्दा है।'

हफ़्तेभर पहले तन्कुटन इसी तरह पेट फूला हुआ एक कछुआ लाया था। पर वह मर गया था। क़ानून के अनुसार वन–विभाग को सूचित किया गया वे डॉक्टर को साथ ले आये। पोस्टमॉर्टम करने के लिए जैसे ही

उसका पेट फाड़ा गया तो सब चौंक गये थे। विभिन्न रंगों वाले प्लास्टिक के टुकड़ों का बड़ा ढेर। दो–तीन किलो होंगे। डॉक्टर ने बताया कि यही मौत का कारण है। समुद्री लहरों पर विभिन्न रंगों में दिखाई देने वाली जेली फिश समझकर कछुए प्लास्टिक के इन टुकड़ों को निगल लेते हैं। समुद्र में तैरते प्लास्टिक कवर के नज़ारे की ओर इशारा करते हुए तन्कुटन ने कहा–'कच्छुओं को थूकने की आदत नहीं होती।'

अखिल ने एक घण्टा और इन्तज़ार किया। फिर कोई बच्चा नहीं निकला। प्रत्येक गड्ढे में सौ से अधिक अण्डे थे। अखिल ने मानों खुद को दिलासा देने के लिए कहा–'बड़े केकड़े रात में आकर अण्डों को खाते होंगे।'

'केकड़े नहीं, केकड़ा होता तो उसका बिल दिखता, अण्डे सड़ रहे हैं।' सुधर्मिणी बोली।

नाश्ता करने के बाद अखिल डाक देखने लगा, लिफ़ाफ़ा खोला तो कागज़ात निकाले। हालाँकि वह इन ख़तों को कई बार पढ़ चुका है, फिर भी बेचैनी के साथ एक बार फिर पढ़ने लगा। तभी सुधर्मिणी बाल सँवारती हुई दरवाज़े पर आयी, कहने लगी–'इन समुद्री कच्छुओं की देखभाल के लिए ही तन्कुटन ने मुझसे ब्याह रचाया है। बहनें शादी करके चली गयी थीं, तन्कुटन के काम पर जाते ही अण्डे के चोर आँगन पर आकर अण्डा निकालने लगते थे। उसने मुझे मछली बेचने नहीं भेजा। बस, इस तरह एक मादा कछुए की भाँति मेरी ज़िन्दगी न ज़मीन की रही, न समुद्र की।'

कुछ देर की चुप्पी तोड़कर कराहती आवाज़ में उसने जोड़ा–'एक बच्चे को जन्म देकर पालने के लिए मेरा मन भी कितना तरसा था। इस दौरान मैंने अपने इन हाथों से हज़ारों कछुओं को समुद्र में ज़िन्दा छोड़ा था। पर मुझे ज़मीन पर एक भी नहीं मिला।'

उसकी बातें सुनते वक़्त अखिल का दिल ज़ोरों से धड़क रहा था। पर उसका चेहरा उन कागज़ों पर डूबा हुआ था। उसे घूरती हुई सुधर्मिणी बोली–'तुम्हें सब मालूम है न अखिल।'

अखिल ने मुँह उठाया–

'इस भूमि और समुद्र के प्राणियों में सबसे बड़ा दुर्भाग्य मादा कछुए का है। मातृत्व जैसी कोई चीज़ कभी उसके नसीब में ही नहीं। समुद्र में अण्डा डाल नहीं सकती, मछली खा जायेगी। अब ज़मीन की बात लें तो

ज़मीन पर अण्डा देकर उन्हें मिट्टी से ढँककर समुद्र की ओर जाने पर मजबूर। नहीं तो दुश्मन उसे मार डालेगा। अण्डा सेने, बच्चा निकला या नहीं इसका पता लगाने, अपने ख़ून में जन्मे बच्चों को एक बार देखने और उन्हें दुलारने की क़िस्मत उसकी नहीं।'

अखिल ने दया भरी निगाहों से सुधर्मिणी की नम आँखों को देखा। उसका दिल जल रहा था। सुधर्मिणी ने एक बड़ी सच्चाई का खुलासा किया था जिसकी उसने कभी कल्पना भी नहीं की थी। आँखें हटाकर अखिल कछुए के बच्चों की लम्बाई और वज़न नापने लगा।

कंघी द्वार पर छोड़कर सुधर्मिणी उसके पास आकर बैठी। 'तुम्हें अपने को दोषी मानने की ज़रूरत नहीं।'

वह कुछ नहीं बोला।

पलभर के बाद उसने जोड़ा–'तन्कुटन की बड़ी इच्छा है मैं माँ बन जाऊँ।'

कछुए के बच्चे को मिट्टी पर लिटाते हुए अखिल ने विस्मय भरी निगाहों से उसे देखा।

'तन्कुटन को तुमसे बहुत प्यार है। तुम्हारे आने के एक महीने बाद मुझसे कहा कि...'

अखिल की हैरानी बढ़ने लगी। 'क्या?'

सुधर्मिणी ने सर झुका लिया। कुछ नहीं बोली। अपनी काँपती उँगलियों से वह रेत में कुछ खींचने लगी। एक कछुए का चित्र साफ़ दिखने लगा।

समुद्र के ऊपर फैले भावहीन हलके नीले रंग पर अखिल ने अपनी नज़रें गड़ा दीं।

जब केवल एक बाज़ आकर उस नीले घेरे पर धारियाँ डालने लगा तब चार–पाँच दिनों से चिनगारी बनकर दिल में समाये शब्द, बन्धन तोड़कर उसके मुँह से निर्मम होकर बाहर निकले–'मैंने यहाँ से जाने का फ़ैसला लिया है। मैं यह शोध सब छोड़ रहा हूँ।' विस्मय से सुधर्मिणी का मुँह खुल गया क्रोध से उसकी भौंहें फड़फड़ाने लगीं।

'क्या तुम पागल हो गये हो?'

'पागलपन से बचने के लिए।'

'साफ़–साफ़ बताओ अखिल।'

अत्यन्त गम्भीर होकर साफ़ गले से अखिल बोला–'अब तो इस तट पर कछुए अण्डा देने नहीं आयेंगे।'

सुधर्मिणी की आँखें बड़ी हो गयीं। दिन रात वह और तन्कुटन इन कछुओं के साथ रहे। कछुओं के बिना कोई ज़िन्दगी वे सोच भी नहीं सकते थे। अगर वन्नेरी तट पर कछुए न आया करेंगे तो...

सुधर्मिणी को देखकर अखिल ने कहा–'अब देख रही हो न, केवल 10–15 बच्चे ही हैं। उनका स्वास्थ्य भी चंगा नहीं। तीन गड्ढों में से क़रीब चार सौ बच्चे निकलने थे। पहले यहाँ के अण्डों में से ज़्यादातर नर कछुए निकलते थे। पिछले कुछ सालों से निकलने वाले अण्डों में ज़्यादातर मादा कछुए हैं। कम तापमान में अण्डे से नर कछुए निकलते हैं। उनतीस डिग्री से चौंतीस डिग्री तापमान हो तो बच्चे सब मादा ही बनकर निकलेंगे। यह एक ऐसा चमत्कार है जो संसार के किसी अन्य प्राणी में हम देख नहीं सकते।'

परेशान होकर सुधर्मिणी ने पूछा–'तापमान और भी अधिक बढ़ जाय तो?'

'चौंतीस से अधिक तापमान होने पर अण्डे से बच्चे निकलेंगे ही नहीं। सड़ जायेंगे। नर भी न रहेगा और न मादा भी। फिर तो कछुए का वंश ही इस दुनिया से ख़त्म हो जायेगा।'

अखिल की बातें सुनकर सुधर्मिणी उस रेत में धँस गयी जैसे बिजली का झटका लगा हो। उसको जैसे होश ही नहीं था। उसे यह पता ही नहीं चला कि कब काग़ज़ातों को इकट्ठा करके अखिल अपने कमरे में चला गया था। जैसे ही उसने होश सँभाला सीधे अखिल के कमरे की ओर दौड़ी। अखिल कपड़ों को एक–एक करके मोड़कर बैग में रख रहा था। उसने अधिकार के साथ अखिल का हाथ पकड़ा और भर्राई आवाज़ में कहने लगी–'कहीं मत जाओ अखिल, तन्कुटन तुम्हें कहीं जाने नहीं देगा।'

'मुझे जाना ही होगा।'

'कहाँ जा रहे हो? अपने गाँव?'

एक सूखी मुस्कान उसके होंठों पर फैल गयी।

'मैं जिन–जिन महाद्वीपों में गया था वहाँ छोटे–छोटे ऐसे द्वीप हैं जहाँ कछुए अण्डा देने आते हैं। एक फुटबाल ग्राउंड के जितने बड़े होंगे वे द्वीप। निर्जन द्वीप जहाँ मनुष्य रहते ही नहीं। ऐसे द्वीप जिनका मानचित्र

में कोई स्थान नहीं। सुहैली जैसा,..मेरो जैसा...फिर कुछ अनाम द्वीप। वहाँ कहीं जाकर बस जाऊँगा। तापमान बढ़ने से जब द्वीप डूब जायेगा तो साथ में मैं भी डूब जाऊँगा।'

सुधर्मिणी को ग़ुस्सा आया–'तुम सचमुच पागल हो गये हो।'

उसके होंठों पर तब भी मुस्कान थी। वह बचे हुए कपड़े भी बैग में भरने लगा।

समुद्री तट से होकर आ रहे तन्कुटन को देखकर सुधर्मिणी को थोड़ी राहत मिली। बाहर की ओर इशारा कर उसने कहा–'वो देखो तन्कुटन आ रहा है।'

तन्कुटन समुद्र तट से आ रहा था। उसके हाथ में हमेशा की तरह जेली फिश से भरी बाल्टी थी। सर पर एक बड़ा टोकरा और था।

आँगन में आते ही तन्कुटन ने टोकरे को सर से उतार दिया। एक बड़ा, मृत–सा कछुआ उस बड़े टोकरे में था। उसके आगे के दोनों पैर कट गये थे। पीठ का खोल भी पूरा फट चुका था। वहाँ ख़ून जम गया था। आँखें झप रहा था।

मन का दुःख बाहर दिखाये बिना होंठों में मुस्कान भर तन्कुटन ने सुधर्मिणी से कहा–'घाव गहरा है, फिर भी किसी भी तरह हमें इसे बचाना है, इसकी देखभाल करनी है।

तब हाथ–पैर कटाकर समन्दर की गहराई में डूब जाने वाले कछुए के समान अखिल ने दरवाज़े की परतों के बीच से अपना सर बाहर निकाला।

गुर्दे की क़ीमत

कटहल के पत्ते को मोड़कर चम्मच बनाया और उससे चेनियार को चावल का रस पिला रही थी कि लिंकि ने मिन्नी की खिलखिलाती हँसी की आवाज़ सुनी। उसने कान लगाकर देखा। मिन्नी की हँसी में आश्चर्य और अद्भुत का पुट है। ज़रूर कोई दिलचस्प बात उसने देखी होगी।

आठ साल की है मिन्नी, पर बदन अब भी चार साल का लगता है। दोनों पैर जन्म से ही पीछे की ओर मुड़े हुए हैं। पैर बेंत की तरह बिल्कुल पतले हैं। पहाड़ी के नीचे से होकर कॉलोनी की ओर आने वाली गाड़ी देखकर मिन्नी उछलकूद कर रही थी। उछल–उछलकर उसके पैरों में दर्द होने लगा था। तब उसने माँ को पुकार कर कहा–'माँ, देखो तो सही।'

बर्तन नीचे रखकर चम्मच के साथ लिंकि बरामदे में आयी। उस तरफ़ देखा जहाँ मिन्नी इशारा कर रही थी। काजू के बाग़ से उतरकर घुमावदार रास्ते से होकर एक आलिशान कार आ रही थी।

बरसों से फ़र्श पर बिछायी गयी बोरी पर निश्छल लेटे चेनियार ने पूछा–

'क्या बात है?'

फिर माँ से कहा–'कॉलोनी में कार आ रही है?' किसकी क़िस्मत खुलने वाली है!'

मरुतडक्कम कॉलोनी में किसी की क़िस्मत खुलने वाली है आज। किसकी होगी? कुछ देर के लिए लिंकि और चेनियार सोच में पड़ गये।

कॉलोनी में सबसे पहले क़िस्मत आज़मायी थी ऐतप्पन ने। ज़िन्दगी बड़ी कठिनाइयों से गुज़र रही थी। छोटी उम्र से लेकर लिंकि से शादी करने तक ऐतप्पन अपने पिता चोमन की तरह जंगली शहद एकत्र करके

बाज़ार में बेचकर अपनी आजीविका चलाता था। चोमन के पिता बोरान और उसके पिता कंडी का भी आजीविका के लिए यही धन्धा रहा था।

जब पंचायात की तरफ़ से मुफ़्त में मधुमक्खियों के छत्ते मिलने लगे तो ऐतप्पन ने जंगल जाना छोड़ दिया। तब तक सरकार ने जंगल को काट–छाँटकर वहीं पर काजू के बाग़ लगा दिये थे। जब काजू फूलने लगे तो उस पर दवाइयाँ छिड़कने विमान आने लगे। नीचे की ओर उड़ आये उन मशीनी पक्षियों का बड़े ही आश्चर्य के साथ बस्ती वालों ने स्वागत किया था। जब विमान बागों के ऊपर पहुँचकर दवाइयाँ छिड़कने लगे तो दवाई की उस बारिश में कॉलोनी भी गीली होने लगी। पहले–पहल कॉलोनी वालों ने उस पर ज़्यादा ध्यान नहीं दिया था। मगर धीरे–धीरे हवाई जहाज़ की आवाज़ सुनते ही लोग अपनी–अपनी झोंपड़ियों की तरफ़ दौड़ने लगे थे। अगर रास्ते में फँस गये तो दवाइयों से नहाना पड़ता था। कई बार ऐतप्पन भी इस तरह भीग गया था और बीमार भी हुआ था।

दवाइयों की बारिश ख़त्म होने के बाद मधुमक्खियों का आना ही बन्द हो गया। ऐतप्पन के मधुमक्खियों के छत्ते बस दिखावे की चीज़ बनकर रह गये। परिवार भूखे मरने लगे। चेनियार के लिए दवा ख़रीदना भी मुश्किल हो गया। आख़िर एक दिन क़र्ज़ लेने जब लोनप्पन भैया के पास पहुँचा तब ऐतप्पन के लिए भाग्य का रास्ता खुला। लोनप्पन ने कहा–'अरे सुन, तेरी ये सारी परेशानी ख़त्म हो जायेगी। तू एक दिन में बड़ा अमीर बन जायेगा।' आश्चर्य से ऐतप्पन का मुँह खुल गया मन में पंचुरुली थेय्यम का स्मरण किया।

लोनप्पन ने आगे कहा–'अरे बुद्धू, तेरे शरीर के अन्दर गुर्दा नामक दो चीज़ें हैं। उनमें से एक ही तेरे लिए काफ़ी है। दूसरा सिर्फ़ एक स्टेपनी की तरह है। उसे अगर तू बेच दे तो तुझे मुँहमाँगी क़ीमत मिलेगी।'

ऐतप्पन के लिए यह एक अद्‌भुत जानकारी थी। उसके पिता चोमन की मृत्यु इलाज के अभाव में हुई थी। चेनियार को अगर शहर के अस्पताल में भर्ती करवाकर दो हफ़्ते इलाज किया जाय तो वह चलने–फिरने लगेगा। पर इन सबके लिए पैसा चाहिए। सबसे बढ़कर अपनी मिन्नी की बात है। उसके दोनों पैर आगे करवाने हैं। लोनप्पन भैया ने कहा था कि चेन्नई के अस्पताल में उसका इलाज है। वहीं पर मिन्नी का छाती का दर्द, सरदर्द और उल्टी का भी इलाज करवा सकता है।

उसकी सारी बीमारियाँ पैदाइशी हैं। बहुत सारी मिन्नतों के बाद पैदा हुई थी मिन्नी बेटी। लिंकि के पहले के चार बच्चे मरे पैदा हुए थे। सिर्फ़ लिंकि ही नहीं उस कॉलोनी के पारु, चेमार, चीब्लू आदि सभी ने ऐसे बच्चों को जन्म दिया था जिनका कोई रूप या जीवन नहीं था। जब कोई रास्ता नहीं नज़र आया तो ऐतप्पन ने पंचुरुली थेय्यम से प्रार्थना की, मिन्नतें कीं और उनके आशीर्वाद से ही मिन्नी पैदा हुई थी।

एक हफ़्ते के बाद लोनप्पन एक गोरे परदेशी को लेकर आया। ऐतप्पन से उसकी मुलाक़ात करवायी। उसी की गाड़ी में ऐतप्पन शहर चला गया कई दिनों बाद ऐतप्पन कॉलोनी वापस आया। छाती के नीचे तलवार के वार से बना लम्बा निशान था और धोती की गाँठ में कुछ रुपये भी। आधा पैसा शराब में लुटाने के बाद ही वह वापस आया था। उसे कितने रुपये मिले इसका कोई हिसाब भी उसके पास नहीं था। वह हिसाब–किताब जानता भी नहीं था। कुछ दिन सुख से रहा। चेनियार एक महीने तक अस्पताल में भर्ती करवाया, इलाज भी किया। फिर भी वह ठीक नहीं हुआ, सो वापस ले आया। चेन्नई यात्रा तो बस सपना बनकर रह गयी।

मिन्नी की हँसी और उछलकूद फिर से शुरू होने पर लिंकि बरामदे में आयी। बड़े आश्चर्य के साथ उसने देखा कि वह कार अन्य किसी घर में नहीं बल्कि उसी की झोंपड़ी के आगे रुक गयी है। कार से लोनप्पन पहले उतारा। 'वे हमारे भगवान है' चेनियार हमेशा कहता है। कॉलोनी वालों का हर काम लोनप्पन के बाग़ में होता है। क़र्ज़ चाहिए तो भी उसके सिवा कोई दूसरा आश्रय नहीं।

फिर कार से उतारा था एक गोरा परदेशी। हृष्ट–पुष्ट शरीर। टमाटर की तरह लाल–लाल गाल। सोने के रंग के बाल। लिंकि को लगा जैसे एक साथ दो भगवान उसके आँगन में पधारे हैं। अब क्या किया जाय, वह हैरान रह गयी। बैठने के लिए या पीने को कुछ देने के लिए उसकी झोंपड़ी में कुछ भी नहीं था।

लोनप्पन ने ज़ोर से कहा–'देखो, इस गोरे को एक गुर्दा चाहिए। वह भी फ़ौरन चाहिए। ऐतप्पन ने ही हमें इधर भेजा।'

लिंकि मुस्कुरायी। फटी हुई साड़ी के पल्लू को बिना किसी हिचक के हटाकर अपनी छाती के घाव को दिखाते हुए उसने कहा–

'मैं अपना गुर्दा पहले ही दे चुकी हूँ भैया।'

लोनप्पन को वह याद था। सारे रुपये उठाने के बाद क़र्ज़ लेने के वास्ते ऐतप्पन जब लोनप्पन के पास आया तभी लोनप्पन ने दूसरा मार्ग उसे दिखाया था।

'अरे ऐतप्पन, तेरी बीवी का गुर्दा तू बेच दे। अब तो गुर्दे की क़ीमत ज़्यादा हो गयी है।'

ऐतप्पन दंग रह गया था। उसने सोच रखा था कि गुर्दा सिर्फ़ पुरुषों के शरीर में होता है। उस नयी जानकारी के मिलने पर ऐतप्पन ख़ुशी से फूल उठा। तन्दुरुस्त होकर आँगन में अपने चंगे पैरों से उछलने वाली मिन्नी के दृश्य की वह कल्पना करने लगा।

अचानक कुछ याद करके लिंकि बोली–

'इस एन्मकजे में उसका एक भतीजा है। शायद वह उसे लेने गया होगा। उसे गुर्दा देने की इच्छा है।'

मरुतडक्कम कॉलोनी में गुर्दा देने वाला अब कोई बाक़ी नहीं रहा। सभी वयस्कों की छाती के नीचे तलवार के वार का निशान है जैसे कि युद्ध करके आये हों।

सड़क की तरफ़ नज़र दौड़ाकर लोनप्पन ने कहा–'ना, ऐतप्पन कहीं नहीं गया अब तक हमारे साथ कार में था। अभी–अभी उस नागदौन के जंगल उतरा। अभी आने का वादा करके निकला था। शायद गुर्दा देने वाले किसी को लाने गया होगा।'

लिंकि को बात समझ में आ गयी। किसी को लाने नहीं गया ऐतप्पन। गुर्दा दान के बाद उसे हर घण्टे टट्टी जाना होता है। इसीलिए वह जंगल चला गया।

इसी बीच गोरा परदेशी और मिन्नी किसी को ख़बर किये बिना भाषाओं से परे एक मित्रता में बँध चुके थे। अपनी बड़ी–बड़ी आँखों और हिलकोरों से मिन्नी गोरे को देखकर हँसने लगी। उसका विचार था कि पंचुरुली भगवान ही उसके सामने प्रत्यक्ष हुए हैं।

गोरा परदेशी भी मिन्नी को देख रहा था। पीछे की ओर मुड़े उसके पैर देखकर उसे काफ़ी दुःख हुआ। जब वह फिर हँसने लगी तो गोरा भी उसे देखकर मुस्कुराने लगा। सहसा किसी याद से उसका चेहरा फीका पड़ गया। न्यूयॉर्क के ब्लू लैगून अस्पताल की चौदहवीं मंज़िल

के आई.सी.यू. में लेटी अपनी बेटी...जब वह होश में आयेगी तो उसके होंठों पर खिलने वाली हँसी उसने मिन्नी के होंठों पर पायी। उसके पैर काँपने लगे, आँखें गीली हो रही थीं। मिन्नी की उस मासूम हँसी का सामना न कर पाने से वह कार में जा बैठा, अपने चेहरे को हाथों से ढँक लिया।

जब ऐतप्पन को दौड़कर आते देखा तो लोनप्पन को चैन आ गया। 'साले, कहाँ मरने चला गया था रे तू। सर बड़ी जल्दी में हैं। तू जल्दी गुर्दा वाले को ला दे।'

हाथ जोड़कर ऐतप्पन फ़ौरन झोंपड़ी के अन्दर घुस गया। गीली धोती उतारकर कुरते के ऊपर और एक धोती बाँधी। बिना किसी विलम्ब के वह बाहर की ओर दौड़ा। आँगन में सजे पंचुरुली भगवान के सामने दण्ड–नमस्कार किया।

मिन्नी काफ़ी परेशान हुई, जब उसने देखा कि पिताजी उस पर ध्यान दिये बिना अन्दर–बाहर भाग रहे हैं। उसकी परेशानी रोने में बदल गयी।

लिंकि ने उसे एक थप्पड़ मारा। 'इतना चिल्लाती क्यों है री? कोई मरा पड़ा है क्या यहाँ?'

लोनप्पन को शंका हुई कि पंचुरुली के सामने ऐतप्पन ख़त्म हो गया क्या? वह उठता ही नहीं था। लाश की तरह ज़मीन पर हाथ जोड़ लेटा रहा। ग़ुस्से से लोनप्पन तिलमिला उठा। भगवान के सामने है। नहीं तो एक लात रसीद कर देता। शुक्र है कुछ देर बाद ऐतप्पन धोती ठीक करके उठ बैठा। हाथ जोड़कर उसने प्रदक्षिणा की। फिर दौड़कर आकर रोने वाली अपनी बच्ची को गोदी में उठाया, झट से मिन्नी का रोना बन्द। उसे ख़ुशी हुई कि इन अजनबियों के सामने पिताजी ने उसका ध्यान रखा।

ऐतप्पन उसे उठाते हुए झोंपड़ी के अन्दर आया। उसकी फटी–पुरानी फ्रॉक उतार नयी पोशाक पहनायी। आँसू से सने मिन्नी की होंठों पर मुस्कान झलकने लगी। दीवार पर टँगे आईने पर चिपकाई बिन्दी उठाकर मिन्नी के माथे पर लगायी फिर उसने यह सोचकर कि बच्ची को किसी की नज़र न लगे, काजल की डिबिया खोलकर उसके गाल पर काजल से एक निशान भी लगाया।

मिन्नी को पता चला कि पिताजी उसे बाहर ले जा रहे हैं। ख़ुशी के मारे वह चिल्लाने लगी। बड़े प्यार से उसने पिताजी के दाहिने कान को काटा।

ऐतप्पन ने मिन्नी को उठाकर उसके गालों को चार–पाँच बार चूमा। यह सब देखकर चुपचाप खड़ी लिंकि को और चेनियार को अनदेखा करके ऐतप्पन मिन्नी के साथ बाहर आया।

विष वैद्य

हवाई अड्डे से बाहर आये गोरे विदेशी को टूटी–फूटी अंग्रेज़ी भाषा के सहारे ड्राइवरों ने घेर लिया।

'मिनिमम चार्ज सर।'

'ओनली ट्वेल्व रुपीस सर।'

'कम्फ़र्टेबल जर्नी सर।'

सबको धन्यवाद देकर ड्राइवरों का घेरा तोड़कर गोरा आगे चला।

ड्राइवरों में से एक युवक से रहा न गया–

'साला कुत्ता, टैक्सी क्यों नहीं लेता?' ड्राइवरों की निराशा हँसी में बदल गयी।

फ़ौरन गोरा पीछे मुड़ गया, हँसी रुक गयी। हृष्ट–पुष्ट उस युवक के पास पहुँचकर गरजते हुए गोरे परदेशी ने पूछा–'किसको कुत्ता बुलाया रे तू?'

पीले बाल, सफ़ेद आँखें और सुनहरे रंग वाले उस विदेशी के मुँह से शुद्ध देशी भाषा सुनकर भीड़ दंग रह गयी। गोरे ने अपने दाहिने हाथ से बैग निकालकर बायें हाथ में डाला और दाहिने हाथ से उस युवक के गाल पर ज़ोर से थप्पड़ लगाते हुए कहा–'साले, कुत्ता होगा तेरा बाप।'

थप्पड़ खाकर गिरने लगे उस युवक को दो–तीन लोगों ने थाम लिया।

'उसे छोड़ना नहीं।' ड्राइवरों ने बड़े ग़ुस्से के साथ गोरे को घेर लिया।

अपनी बरमुडा की जेब से चाकू निकालकर गोरा चिल्लाने लगा–

'हट जाओ सालो, नहीं तो चाकू घुसेड़ दूँगा।'

डर के मारे सब पीछे हट गये। चाकू वापस जेब में डालकर गोरा

सड़क की तरफ़ चला जैसे कि कुछ हुआ ही नहीं हो। ऑटो पकड़कर बस स्टैंड पहुँचा। बस स्टैंड से फास्ट पैसेंजर बस पकड़कर तीन घण्टे के अन्दर–अन्दर कलरिक्कल गाँव पहुँचा। लाल–लाल रेत से भरी सड़कों के नज़ारों का मज़ा उठाकर गुनगुनाते हुए गोरा आगे बढ़ा। गोरे का आगमन दूर से देखकर चिरुकंडन ने पुकारा–

'आइए गोरा भाई, एक चाय हो जाये।'

बिना किसी झिझक के गोरा अन्दर आया। छोटी–सी चाय की दुकान थी। सिर्फ़ दो–तीन बेंचें थीं, वह भी कच्चे पैरों वाली। फूस के छप्पर में कई छेद। चित्तीदार हिरन के समान सफ़ेद धब्बों से भरी ज़मीन।

हिलने वाली उस बेंच पर सँभलकर बैठकर गोरे ने कहा–'चिरुकंडन भाई, एक कड़क चाय पिला दे। खाने को क्या है?'

'अभी देता हूँ। डोसा और सब्ज़ी है।'

गोरे ने पूछा–'सब्ज़ी आलू की है या कठफोड़वा की?'

'आलू की।'

ख़ुशी के साथ गोरे ने कहा–'तो लाओ दो प्लेट।'

चिरुकंडन की पत्नी कुंजू द्वारा बनी सब्ज़ी गोरे को बहुत पसन्द थी। कितना भी खा ले, पूरा नहीं पड़ता। सब्ज़ी ही नहीं कुंजू द्वारा बनने वाले सभी पकवान गोरे को पसन्द थे।

बड़े मज़े से खाना खाकर चाय की चुस्की लेते हुए गोरे ने कहा–'क्या हालचाल है यहाँ?'

तभी चिरुकंडन को याद आया। चूल्हे जलाते खड़े चिरुकंडन ने फ़ौरन पास आकर आश्चर्य से पूछा–'तो आपको कुछ ख़बर नहीं मिली? हमारा विष वैद्य पिछले महीने चल बसा।'

चाय का प्याला नीचे रखकर आश्चर्य के साथ गोरे ने पूछा–'कौन विष वैद्य...हमारा वह...?'

'हाँ हमारा विष वैद्य ही...वेलुण्णी।'

झट से गोरा उठा। कुछ देर चुप खड़ा रहा। चूल्हे में लकड़ी घुसेड़ते हुए चिरुकंडन ने कहा–

'साँप ने काटा था। कोबरा का दंश था। इस इलाक़े के कितने लोगों को उन्होंने सर्पदंश से बचाया था। वैद्य है तो क्या हुआ, ख़ुद को बचा नहीं पाया। बहुत बुरा हुआ। पर क्या आपको किसी ने ख़बर नहीं दी?'

'नहीं भाई, मुझे ख़बर ही नहीं मिली। फिर मैं भी अपने गाँव में नहीं था। पिछले डेढ़ महीने से विएना में था। वहाँ से सीधे इधर को आया हूँ। बड़ी बुरी ख़बर है, कितना भला आदमी था।' गोरे के मन का दुःख चिरुकंडन समझ सकता था। पिछले दस–बारह साल से लगातार गोरा इस गाँव में आ रहा है। पारम्परिक देशी चिकित्सा विधियों की जानकारी लेने के लिए वेलुण्णी वैद्य के साथ उसने दोस्ती कर ली थी। दोनों बड़े जिगरी दोस्त थे। कलरिक्कल गाँव पहुँचते ही गोरे का खाना–पीना और रहना वैद्य के घर पर ही होता था। एक साल के अन्दर देशी भाषा भी सीख ली। लौटकर आने के बाद वेलुण्णी वैद्य के पास बैठकर पुरानी बातें दुहराता था। वैद्य के समान कोई और दोस्त गोरे का उस गाँव में नहीं था।

चिरुकंडन बोला–'खाना खा लो भैया।'

'नहीं।' चाय और खाना ऐसे ही छोड़कर जेब से कुछ पैसे गिने, बिना, चिरुकंडन को देने के बाद चुपचाप वहाँ से निकल गया। रास्ते में खड़े लोगों को अनदेखा करके यादों में खोये हुए वह चलता रहा।

खेत की मेंड़ों को पार कर सुपारी के बागों से होकर गोरा विदेशी 'मीतल हवेली' पहुँचा। वेलुण्णी वैद्य का बेटा सुदर्शन बरामदे में बैठा था। हाथ में जो किताब थी उसे नीचे रखकर वह जल्दी से आँगन में आया। सुदर्शन के कन्धों पर हाथ रखकर गोरा थोड़ी देर खड़ा रहा। फिर बरामदे में घुसकर कुर्सी पर बैठा। कहने लगा–'माफ़ करना सुदर्शन, मुझे ख़बर नहीं मिली थी।'

जवाब देते हुए सुदर्शन ने कहा–'मैंने चिट्ठी भेजी थी।'

'मैं गाँव में नहीं था। इसलिए चिट्ठी नहीं मिली।'

आवाज सुनकर वैद्य की बेटी बरामदे में आयी। पिताजी के दोस्त गोरे को देखकर वह सिसकियाँ भरने लगी–'पिताजी हम सब को छोड़कर चले गये साब।'

शैमा के कन्धों को थपथपाते हुए गोरे ने सान्त्वना दी–'रोना मत बेटी। धीरज रखो। इस वक़्त तुम्हें हिम्मत जुटानी होगी। तुम्हीं बड़ी हो न। सुदर्शन को तुम्हें हिम्मत देनी होगी। माँ कहाँ है?'

'अन्दर है। तब से बस चुप बैठी रहती है। पानी तक नहीं पीती। मैं जाकर आपके लिए खाना लाती हूँ। कद्दू की सब्ज़ी बनी है।'

वह जानती थी कि कद्दू की सब्ज़ी गोरे को बेहद पसन्द है। कद्दू और पेठा काटते वक़्त वह पास आकर मदद किया करता था। फिर उसके बीज इकट्ठा करके अपनी थैली में रखता और वापस अपने देश जाते वक़्त ले जाता।

कपड़े बदलते हुए गोरे ने कहा–'अभी नहीं चाहिए शैमा पहले मन्दिर के तालाब में डुबकी लगाकर नहा लूँ। शरीर और मन को थोड़ा ठण्डा कर लूँ।' तौलिया और साबुन लेकर गोरा मन्दिर के तालाब की तरफ़ चल दिया। वह हृष्ट–पुष्ट परदेशी जब नज़रों से ओझल हो गया तो सुदर्शन ने कहा–'शैमा दीदी, अब इस गोरे परदेशी को यहाँ ठहराना मुनासिब नहीं। कल या परसों मैं भी चला जाऊँगा। फिर घर में तुम दो स्त्रियाँ ही होंगी।'

हैरान होकर शैमा ने पूछा–'यह तू क्या कह रहा है? दस–बारह साल से इस गोरे परदेशी से हमें कोई परेशानी नहीं हुई है। इस इलाक़े में किसी को भी उसकी वजह से कोई परेशानी नहीं हुई है। उलटे सबको उससे फ़ायदा ही हुआ है। हमारी और इलाक़े वालों की उसने कितनी मदद की। जब तेरे पहले सेमेस्टर के लिए बड़े डोनेशन की माँग हुई तो किसने हमारी सहायता की थी? हमारे करुप्पन दादा की बेटी का हार्ट ऑपरेशन चेन्नई ले जाकर करवाने में किसने साथ दिया था? ऑपरेशन के लिए पैसा किसने दिया था? इस तरह कितने लोगों को उनसे फ़ायदा हुआ है। इसलिए उनसे यहाँ से जाने के लिए मत कहो। भगवान नाराज़ हो जायेंगे। फिर पिताजी के बिना वह यहाँ नहीं रहेंगे, जायेंगे ज़रूर।'

सुदर्शन कुछ नहीं बोला। बात सही है। परिवार वालों को और गाँव वालों को उनसे काफ़ी सहायता मिली है। पर जिस दिन से उनसे परिचय हुआ सुदर्शन के लिए गोरा परदेशी एक अजूबा था। उसके प्रति आश्चर्य और श्रद्धा सबसे पहले तब आयी जब एक शाम को वह अपने दोस्त इक्कारन के साथ चला आ रहा था। गोरा उनकी ओर आ रहा था। इक्कारन के कन्धे पर नया हल था। देखते ही हँसते हुए गोरे ने पूछा 'इक्कारन भाई, क्या ख़बर है?'

'कल हल चलाना शुरू करना है भाई।'

कल! कल तो 'एतिर्प्पू' है न?'

'एतिर्प्पू ',वह क्या है?

कल मकर महीने का अठाईसवाँ दिन है। लोगों का विश्वास है वह दिन खेती के लिए ठीक नहीं है। इसे ही पुराने ज़माने में लोग 'एतिर्प्पू' कहते थे। उस दिन खेती शुरू करें तो फ़सल कम निकलेगी।'

सुदर्शन शर्मिन्दा हुआ। इक्कारन ने काम दो दिन के लिए स्थगित कर दिया। फिर एक दिन पिताजी के साथ बरामदे में बैठकर गोरा बता रहा था–'आज तुला महीने की अमावस्या है न? आज ही पोलियिन्द्रन महोत्सव है। आज के दिन घर और मन्दिर में दीया जलाना है न? चित्वन पेड़ की शाखा काटी है क्या? '

वेलुण्णी वैद्य चौंककर उठ बैठे। बड़े परेशान हुए कि वे इस बात को भूल गये थे। तुरन्त ही मन्दिर में आदमी भेजा गया। मन्दिर का पुजारी भी यह बात भूल गया था। शाम होते–होते कलरिक्कल गाँव के सारे घरों के आँगन में और कुएँ की जगत पर चित्वन पेड़ की शाखाएँ पहुँच चुकी थीं।

इस तरह उस दिन हर घर में दीया जलाने के बाद रात को जब वैद्यजी और गोरा आपस में बातें कर रहे थे तो गोरे ने वैद्यजी से पूछा

'वैद्य महाराज, आप लोग हर साल इस अमावस्या को पोलियिन्द्रन के नाम पर दीया जलाते हो। आख़िर यह पोलियिन्द्रन है कौन?'

वैद्यजी मुँह बाये रह गये। गाँव के सबसे बड़े ज्ञानी होने के बावजूद वे इस आचार के बारे में कुछ नहीं जानते थे। एक प्राचीन प्रथा है, जो फ़सल काटने के बाद आती है। 'उर्वरता से सम्बन्धित एक अनुष्ठान होगा' –वैद्य ने अन्दाज़ा लगाकर कहा।

गोरा ज़ोर से हँसने लगा। 'नहीं वैद्यजी, पोलियिन्द्रन माने बलीन्द्रन। आप लोगों के महाबली महाराज। साढ़े तीन पहर तक इन्द्र पद मिलने के कारण महाबली बलीन्द्र कहा गया। बलीन्द्रन का बोलचाल रूप है पोलियिन्द्रन।'

वैद्यजी दंग रह गये। सदियों से गाँव में सम्पन्न एक अनुष्ठान का खुलासा यह विदेशी कर रहा है। गोरे ने अपनी बातें जारी रखीं–'सुनो दोस्त, हम ओणम का त्योहार श्रावण महीने में मनाते हैं। पर वह ग़लत है। सचमुच तुला महीने की अमावस्या के दिन ही महाबली यहाँ पधारते हैं। उसी दिन आप लोग चावल और फूलों से उनका स्वागत कर रहे हैं न। तो फिर ओणम उसी दिन होना चाहिए।'

ये सब सुनकर सुदर्शन अपनी चादर फेंककर विस्मित आँखों से सन्दूक़ के ऊपर उठ बैठा। शरीर से पसीने छूट रहे थे। अत्यन्त विस्मित नेत्रों से वह गोरे को देखता रहा। साथ–ही–साथ एक अनजाना–सा डर अपने बिस्तर पर ज़हरीले साँप की तरह रेंगते हुए उसे महसूस हुआ।

आगे वैद्यजी और गोरे की बातचीत कलरिक्कल गाँव के नामकरण के बारे में शुरू हुई। कलरी माने मार्शल आर्ट की जगह। पुराने ज़माने में इस गाँव में अनेक कलरी होते थे। दुश्मनों से प्रदेश को बचाने के लिए युवकों को यहाँ तरह–तरह के प्रशिक्षण दिये जाते थे। गोरे ने यह भी जोड़ा कि उसे इस कलरिक्कल गाँव में इस तरह के चार कलरियों के खँडहर मिले हैं। गोरे की बातें सुनकर आश्चर्य के साथ खुली हुई पिताजी की आँखें सुदर्शन ने उस दिन देखी थीं।

फिर सुबह होने तक सुदर्शन को नींद नहीं आयी थी। जैसे ही नींद आती सामने फन निकाल खड़े साँप को देखता, चौंक कर वह जाग उठता।

सुदर्शन बोला–'शैमा दीदी आपका कहना सही है। हमें या गाँव वालों को उससे कोई हानि नहीं। पर मैं उससे डरता हूँ...क्यों...मुझे पता नहीं।'

अपना दुःख भूलकर शैमा हँसने लगी–'तू पागल हो गया है क्या रे?'

जवाब कुछ दिये बिना सुदर्शन चुप हो गया। शैमा ने कहा–'गोरा नहाकर लौट रहा है। तू कुछ बताना मत।'

बरामदे में तौलिया सुखाने के लिए टाँगते हुए गोरे ने पूछा–'सुदर्शन की परीक्षा ख़त्म हुई?'

'नहीं, परसों शुरू होने वाली है।'

'तो इकतालीसवें दिन का आचार?'

'उस दिन मैं वापस आऊँगा। अगले दिन लौट जाऊँगा।'

लुँगी और बनियान पहनकर गोरा सुदर्शन के पास बैठा।

'जब साँप ने काटा तो पिताजी को अस्पताल नहीं ले गये क्या?'

'पिताजी ने मना कर दिया था। जब गाँव वालों को साँप ने काटा तो पिताजी ने उनको बचाया था। फिर अपने लिए अस्पताल क्यों जाना है, ऐसा पूछा। पिताजी को विष का ज्ञान था न, तो मैंने भी उतनी गम्भीरता से नहीं लिया।'

'फिर क्या हुआ?'

'दवा का सेवन किया और लगाया भी। पर विधि को कौन टाल सकता है? दो दिन तक पिताजी किसी दवाई के पौधे को ढूँढ़ रहे थे। नहीं मिला।'

'कौन–सा पौधा?'

'मैं भूल गया उसका नाम।'

'गरुडकोडी?'

आश्चर्य के साथ सुदर्शन ने हामी भरी। 'हाँ वही, सब कहीं देखा, पर पौधा नहीं मिला।'

गोरे ने कहा–'यह बहुत बुरा हुआ, वह पौधा तो भगवती काव के पीछे बहुत हैं। कलरिक्कल गाँव में वह पौधा और कहीं नहीं मिलेगा। साँप का विष उतारने के लिए उससे अच्छी कोई औषधि है ही नहीं। अगर मैं यहाँ होता तो...।'

शैमा ने कंजी और कद्दू की सब्ज़ी लाकर रखी। गोरे ने आँगन में पड़े कटहल के पत्ते को मोड़कर चम्मच बनाया। खाने के लिए बैठते वक़्त गोरे की आँखें गीली होने लगीं। उसने शैमा और सुदर्शन से कहा–'खाना गले से नहीं उतरता बच्चों। इकतालीस की रिवाज़ के बाद मैं लौट जाऊँगा। वैद्य के बिना मुझे यहाँ रहना नहीं। तुम लोगों को और इस गाँव को मैं कभी नहीं भूल सकता।'

इकतालीसवें दिन के सारे विधि–विधान में गोरे ने नेतृत्व किया। गाँव भर में यह ख़बर फैली थी कि वह उस गाँव से जा रहा है, इसलिए ही गाँववाले उसके साथ बड़े प्यार से पेश आये।

शाम को जब सब चले गये तो सुदर्शन अपनी पाठ्यपुस्तक खोजते हुए गोरे के कमरे में पहुँचा। सहसा एक पतली पर अजीब आवाज़ सुनकर सुदर्शन ने कान लगाया। कमरे के एक कोने में कई टोकरियाँ इकट्ठी कर रखी थीं, आवाज़ वहीं से आ रही थी। बेंत की उन टोकरियों में पौधे और बीज जमाकर रखे थे। वह एक साधारण नज़ारा था। बहुत से पौधों के डण्ठल और बीज विस्मित आँखों से अपने–अपने सर दिखाने लगे। अन्य टोकरियों में असाधारण छोटे जीव थे। गिरगिट, छिपकली, मेढक, तिरिछ, गोह आदि निस्सहाय आँखों से सुदर्शन को देख रहे थे। एक बड़ी टोकरी थी जिसे उठाते ही उसमें से एक साँप ने फन निकालते हुए सर बाहर किया।

काँपते हुए सुदर्शन ने टोकरी नीचे रख दी। अचानक कमरे में आयी शैमा ने पूछा–'तू यहाँ क्या कर रहा है?'

चौंककर सुदर्शन मुड़ गया, अपनी घबराहट न दिखाकर सुदर्शन ने कहा–'कुछ भी नहीं, मैं अपनी पाठ्यपुस्तिका ढूँढ़ रहा था।'

'यह देख।'

शैमा ने ख़ुशी से उछलकर अपने गले में पहना हुआ हीरे का हार दिखाया। 'हमारे गोरे भाई की ओर से तोहफ़ा है। बड़ा क़ीमती है। सिर्फ़ मेरे लिए ख़रीदकर लाये हैं।'

सुदर्शन ने अपना चेहरा ऐसे घुमाया जैसे कुछ सुना ही नहीं हो।

'मेरी किताब कहाँ है? परीक्षा के लिए आवश्यक है। तूने देखी कहीं?'

बाहर निकलते हुए शैमा ने बड़ी उदासीनता से कहा–'जाकर ढूँढ़ ले, इधर ही कहीं होगी।'

सब कहीं ढूँढ़कर थककर जब सुदर्शन बरामदे में बैठा था तो पैर के कड़े की झंकार सुनाई देने लगी। सुदर्शन ने आश्चर्य से देखा कि गाँव का पहरा देने वाला वेट्टचेकोन थेय्यम, यहाँ कैसे?' तभी उसने गोरे को देखा। उसके हाथ में थे थेय्यम की तलवार, ढाल और कड़ा। ख़ुशी से झूमते हुए गोरे ने कहा–

'देखो सुदर्शन, वेट्टचेकोन थेय्यम के लिए मैंने फाइबर ग्लास की तलवार, ढाल और कड़ा दे दिये जो कभी नहीं टूटेंगे और जंग भी नहीं लगेंगे। ये जो पुराने आभूषण हैं इन्हें मैंने ले लिया।

एक शरारती हँसी के साथ कड़ा पहनकर तलवार और ढाल घुमाकर वेट्टचेकोन की तरह लयबद्ध क़दमों के साथ गोरा उस हवेली के आँगन में नाचने लगा।

थेय्यम की पीड़ा

यात्रा के दोनों ओर हवा में लहराते धान के खेतों के कई हरे–भरे खण्ड। फिसलते खेत का किनारा। चेंड़ा कन्धे पर रखे रामन पणिक्कर आगे चल रहा था। पीछे कटक महीने के आडिवेडन थेय्यम*। धूप में चमकने वाला मुकुट, रेशमी पोशाक, हाथ–पाँव में सुनहले गहने।

रामन पणिक्कर ने कहा–'सँभालकर चलना बिटुवा।'

थेय्यम सँभलकर चलने लगा।

तब धूप और बारिश एक साथ फैलने लगी।

उसने कन्धे में रखे कपड़े उठाकर सर ढँक लिया और बेटे से कहा–'छाता खोल ले, बारिश है।'

थेय्यम ने हाथ में रखा नया छाता खोल लिया। नये छाते की ख़ुशबू उसे अच्छी लगी। स्कूल खुलते वक़्त पिताजी ने ख़रीद दिया था। छतरी खोलते वक़्त थेय्यम के हाथ में पहनी घण्टियाँ बज उठीं। पिताजी ने कहा–'बिटुवा, रास्ते में घण्टियाँ नहीं बजाते।'

'आगे से नहीं करूँगा पिताजी।'

खेत की मेंड से पक्की सड़क तक पहुँच गये। दूर से बस की आवाज़। पणिक्कर और थेय्यम आश्चर्य के साथ सड़क के उस ओर देखने लगे जहाँ से आवाज़ आ रही थी। मंगलापुरम जाने वाला लिमिटेड बस स्टॉप था। हवाई जहाज़ की तरह तेज़ रफ़्तार में बस आ रही थी।

---

* आडिवेडन थेय्यम–उत्तरी केरल में सबसे लोकप्रिय प्रदर्शन कलाओं में से एक है। यह एक नृत्य देवता की अवधारणा है। आडिवेडन थेय्यम उत्तर केरल के कुछ प्रदेशों में कटक महीने में प्रदर्शित किया जाता है। सामान्य थेय्यम के विपरीत यह छोटे बच्चों द्वारा किया जाता है। यह मन्दिर में प्रदर्शन करने के बजाय हर घर में चढ़ता–उतरता है।

जैसे ही बस आगे बढ़ी सड़क के किनारे का कीचड़ भरा पानी थेय्यम के शरीर पर अभिषेक की तरह बरस पड़ा। रामन पणिक्कर जल्दी से बेटे के क़रीब आया–'तू डर गया क्या बेटा?'

'क्या तेज़ रफ़्तार है न पिताजी?' थेय्यम ने जवाब देते हुए कहा।

थेय्यम को अपने कन्धे पर उठाकर पणिक्कर नीचे खेत के पास के नाले पर उतरा और उसकी रेशमी पोशाक को उसने धो दिया–

यात्रा जारी।

पिताजी ने फिर पूछा–'थक गया बेटा?'

सुबह से उनकी सैर शुरू हुई थी। गाँव के आधे घर भी अब तक चढ़ नहीं सके थे।

बेटे ने जवाब नहीं दिया।

अप्पू चेट्टियार की दुकान के सामने पणिक्कर रुक गया। ग्लूकोस बिस्कुट ख़रीदकर बेटे को दे दिया एक सोडा भी। बड़े चाव से सोडा पीने वाले अपने बेटे के चेहरे की ओर पणिक्कर ने बड़ी दीनता से निहारा। छोटी–सी उम्र की मासूमियत से भरी आँखें। पसीने की बूँदें।

'थेय्यम थक गया है न पणिक्कर?'

पणिक्कर ने मुस्कुराते हुए जेब से पैसे निकालकर चेट्टियार को दिये। चेट्टियार ने इनकार करते हुए कहा–'रहने दो पणिक्कर। मैंने अपनी ओर से थेय्यम को दिया था।'

अरिक्कोड हवेली के सामने आते ही पणिक्कर थोड़ा आश्वस्त हो गया, अब थोड़ा खाकर आराम करेंगे। हर साल नियमित रूप से यहीं से खाना मिलता है।

बहुत बड़ी हवेली। आँगन में कुर्सी पर अरिकाडन कन्नन नायर। थेय्यम जब आँगन में पहुँचा तो कन्नन नायर की मोतियाबिन्द वाली आँखें चमकने लगीं। जल्दी से उठकर रसोई की तरफ़ देखकर ज़ोर से कहने लगे–'सुनो, थेय्यम आ रहा है।'

पहले बच्चों का एक समूह अन्दर के कमरे से दौड़कर आ पहुँचा। पीछे–पीछे गृहस्वामिनी और अन्य कई गोरी औरतें, नौकरानियाँ आदि।

दूसरी कक्षा में पढ़ने वाले एक लड़के ने दूसरे बड़े लड़के से कहा, 'थेय्यम बना है मेरी कक्षा का एक लड़का।' थेय्यम ने उस लड़के की तरफ़ देखकर एक फीकी मुस्कान फेंकी। कन्धे से चेंड़ा लेकर पणिक्कर बजाने लगा।

चेंड़ा के ताल के मुताबिक़ अपने हाथ की घण्टियाँ बजा–बजाकर आडिवेडन थेय्यम नाचने लगा। गृहस्वामिनी कांस्य के बर्तन में हल्दी और राख का घोल लेकर बाहर आयी और उसे दीवट पर डाला।

कन्नन नायर ने पणिक्कर के हाथ में दस रुपये का नोट रख दिया।

चेंडा बजाना समाप्त कर पणिक्कर और थेय्यम बरामदे में घुसकर वहाँ बिछी घास की चटाई पर बैठे। बच्चे और स्त्रियाँ उनके पीछे बैठ गये।

गृहस्वामिनी ने खाने की थाली सजायी। कन्नन नायर बोला–'पणिक्कर, थेय्यम काफ़ी थक गया लगता है।'

पणिक्कर ने बेटे के थके हुए चेहरे की ओर गौर किया। सहसा उसने खाने को उठाकर कौर थाली में ही डाला। उसका चेहरा पीला पड़ गया। कन्नन नायर ने पहले ही सोच रखा था कि पणिक्कर को परेशान करने वाली कोई भी बात नहीं करेंगे, पर...। पणिक्कर ऐसे ही बैठा रहा जैसे कि गले में कुछ अटक गया हो। ज़िन्दगी में जब भी कोई कठिनाई आयी, कन्नन नायर ने दिल खोलकर मदद की है। चावल या नारियल की कमी होने पर, तौलकर नहीं देते, बस गोदाम का किवाड़ खोलकर सामने रख देंगे, जितना चाहे वह ले सकता है। जब बेटे की लाश तालाब से निकाली गयी तब भी सहारा देने सबसे पहले आने वाले कन्नन नायर ही थे।

'पणिक्कर, खाना खा लो न।' कन्नन नायर ने कहा।

'जी...' सिसकियाँ रोकते हुए पणिक्कर ने जवाब दिया।

खाना उसके हाथ में पड़ा था और उसका हाथ काँप रहा था।

'पिछले साल थेय्यम का प्रदर्शन उसके मृत बेटे ने ही किया था। वह इस आँगन में आया था और यहीं बैठकर खाना भी खाया था।' पणिक्कर सिसकियाँ रोक नहीं पाया।

गृहस्वामिनी ने सान्त्वना देते हुए कहा–'क़िस्मत का खेल समझकर शान्त रहो पणिक्कर। रोने से क्या फ़ायदा। भगवान की यही मर्ज़ी।'

बच्चे सब चुप थे। नौकरानियाँ भी अन्दर चली गयीं। थेय्यम ने खाने की थाली दोनों हाथों में उठाकर होंठों से लगायी।

पहाड़ी पर चढ़ते वक़्त पणिक्कर चुप था। रास्ता साँझ की लाल चादर से चमक रहा था। उसे लगा जैसे बेटे की पदचाप के साथ–साथ

किसी और के क़दमों की आहट भी सुनायी दे रही है। उसने मुड़कर देखा। कोई दिखाई नहीं दिया। सहसा थेय्यम के हाथ से घण्टियाँ नीचे गिर पड़ीं।

'बेटा सँभाल के।'

थेय्यम ने सर हिलाया।

पहाड़ी की चढ़ाई ख़त्म होने के बाद भी पणिक्कर को लगा किसी और के क़दमों की आहट सुनायी दे रही है। पर इस बार उसने पीछे मुड़कर नहीं देखा। थेय्यम के हाथ की घण्टियाँ फिर गिर पड़ीं। वह धूल–मिट्टी में लुढ़क गयीं। पणिक्कर का दिल ज़ोर से धड़का। पीछे मुड़कर देखा तो बेटे का घबराया हुआ चेहरा। डरते–डरते उसने कहा–'मैंने कसकर पकड़ रखी थीं पिताजी, किसी ने आकर मेरे हाथ से झपटकर गिरा दीं लगता है।'

पणिक्कर को तब छाती में दर्द महसूस हुआ।

मंडूकोपनिषद

एक मेढक जो एक जंगल की चट्टानों के अन्दर लम्बे अरसे से सो रहा था, एक दिन अचानक जाग उठा और बड़ी मुश्किल से रेंगकर नीचे घाटी की तरफ़ आया। उछलकूद करना और टर्राना वह बिल्कुल भूल चुका था।

सूरज के उगने का समय था। जब सूरज की रोशनी चेहरे पर पड़ी तो मेढक ने धीरे–धीरे अपनी आँखें खोलने की कोशिश की। गर्भपात्र से गिरकर रोने वाले बच्चे की तरह मेढक भी टर्राने की कोशिश करने लगा। जब थोड़ी–सी आवाज़ बाहर आयी तो उत्साह के साथ वह बार–बार टर्राने लगा।

मेढक की टर्राहट सुनकर वहाँ की घास में बैठा दूसरा मेढक हैरान रह गया, क्योंकि काफ़ी दिनों से उस वृक्षवासी मेढक ने वहाँ एक जीव को भी न देखा था और न ही कोई आवाज़ सुनी थी। यह भी नहीं किसी मेढक की आवाज़ सुने हुए एक अरसा हो गया था। किसी अज्ञात काल से आने वाली उस आवाज़ में पुरानेपन की मिठास थी। आवाज़ के स्रोत की खोज में कूदकर गया तो वृक्षवासी मेढक एकदम चकित रह गया। उस चट्टानवासी मेढक का शरीर बहुत बड़ा और अजीब था। पर उसके नेत्र बहुत दीन लग रहे थे।

बड़े अधिकार भाव से वृक्षवासी मेढक ने पूछा–'कौन हो तुम?'

चट्टानवासी मेढक ने कहा–

'मैं इस चट्टान में रहने वाला मेढक हूँ जो काफ़ी दिन से सो रहा था। किसी ज़माने में इस चट्टान में फँस गया था। शायद कोई पाँच हज़ार या दस हज़ार साल पहले।'

विस्मय से वृक्षवासी मेढक की आँखें काफ़ी खुल गयीं। 'दस हज़ार साल!'

सामने के रूखे–सूखे नज़ारों की तरफ़ देखकर चट्टानवासी मेढक ने कहा–

'मुझे विश्वास नहीं हो रहा है। सब कुछ कल जैसा लगता है। पर अब जब नींद से उठकर देखता हूँ तो कितना बदलाव आ गया है। यहाँ तो सब कुछ बदल गया है। बाप रे! वह देखो, डायनासोर का एक झुण्ड उछल के इस तरफ़ आ रहा है।'

वृक्षवासी मेढक हँसते हुए कहने लगा–

'अरे भाई वह डायनासोर नहीं बुलडोजर हैं। हाँ, देखने में वैसा ही लगता है। पहाड़ियों को खाने वाली गाड़ियाँ हैं ये। ये गाड़ियाँ इधर की पहाड़ियों को गिरा रही थीं, तभी तो चट्टानों में फँसे तुम बाहर निकल आये। सचमुच तुमने कभी डायनासोर को देखा है?'

चट्टानवासी ने जवाब दिया।

'नहीं। पर हमारी माँएँ हमेशा डायनासोर की कहानियाँ सुनाया करती थीं। कृपया मुझे भी तुम लोगों के साथ रहने दोगे? इस दुनिया के बारे में मैं कुछ भी नहीं जानता।'

वृक्षवासी ने अनुकूल भाव में सिर हिलाया–

'इसमें क्या है। फिर यहाँ हम नहीं, यहाँ तो कोई और मेढक नहीं है। सिर्फ़ मैं ही बच गया हूँ। मेरे मरने के साथ–साथ मेरा वंश भी ख़त्म हो जायेगा।'

चट्टानवासी मेढक अचरज में पड़ गया।

'बाप रे! इन मेढकों को हुआ क्या? हमारे ज़माने में दुनिया में मेढकों की संख्या ही सबसे ज़्यादा थी। सिर्फ़ मेढक ही नहीं अन्य जीव–जन्तु भी काफ़ी मात्रा में थे।'

यादों में खोकर वृक्षवासी मेढक कुछ पल के लिए चुप हो गया फिर भर्राई आवाज़ में कहने लगा–

'मेरे बचपन में भी यहाँ काफ़ी मेढक थे। पर आये दिन यहाँ के खेत और तालाबों में रोज़ मेढक मरे पड़े दिखाई दे रहे हैं। सब कहीं ज़हर ही ज़हर है। पानी में, मिट्टी में, हवा में...सर्वत्र। अण्डा देने पर भी उनमें से बच्चे नहीं निकलते। अण्डे से निकल भी पड़ें, तो इन चूज़ों के जीने का क्या फ़ायदा? मैंने भी कितनी बार अपनी ज़िन्दगी को ख़त्म करने का फ़ैसला किया था। कुछ देखे–सुने बिना मर जाना बेहतर है न। लेकिन हर बार, मरने का फ़ैसला लेते वक़्त मन में एक नयी उम्मीद जाग उठती है।

कहीं मेरे द्वारा ही हमारा वंश जीवित रह सके और पनप सके तो। वह उम्मीद ही आज तक मुझे जिलाये रखती है। अब क्या बताऊँ, मुझे कुछ भी खाये हुए दो दिन हो गये हैं। कहीं कोई प्राणी दिखाई ही नहीं देता। कब तक मैं ऐसे जी सकता हूँ? मरने से कौन बच सकता है? पर एक बात का मुझे बहुत आश्चर्य–सा लगता है। तुम इतने साल ज़िन्दा कैसे रहे? इसका क्या राज़ है?'

दार्शनिक की तरह कुछ देर ध्यानमग्न होने के बाद चट्टानवासी मेढक ने जवाब दिया–

'मेरे विचार में सभी प्राणी लम्बे समय तक ज़िन्दा रह सकते हैं। परिस्थितियाँ ही इसका निर्धारण करती हैं। हमारे ज़माने में पेड़ों की तरह प्राणी वर्ग भी लम्बे समय तक ज़िन्दा रहते थे। मेरे दीर्घायु होने के पीछे एक और वरदान का भी राज़ है। तुम्हें शायद अविश्वसनीय लगे, पर मैं वह बात बताता हूँ। एक बार गौतम बुद्ध मुझे उठाकर मेरी पीठ पर काफ़ी देर सहलाते रहे। यही वह वजह है शायद कि मैं इतने लम्बे समय तक ज़िन्दा रहा।'

वृक्षवासी ने पूछा–'भगवान श्री गौतम बुद्ध?'

अपने याद्दाश्त के उस दलदल से भूली–बिसरी यादों को ऊपर उठाते हुए उसने कहा–

'हाँ, हाँ गौतम बुद्ध ही। एक बार की बात है, इन चट्टानों के बीच में से होकर एक बड़ी नदी बहती थी। अब यहाँ उसका कोई नामोनिशान दिखाई नहीं देता। फिर भी मुझे भलीभाँति याद है। एक दिन मैं वहाँ लेटकर नदी किनारे की मिट्टी की ठण्डक का आनन्द ले रहा था। उसी समय कुछ लोग पानी पीने नदी के पास आये। 'बुद्धं शरणं गच्छामि, धम्मं शरणं गच्छामि' की रट लगाते हुए आने वाले उस समूह के सबसे आगे एक तेजस्वी पुरुष था। भगवन की तरह दिखने वाले उस शख़्स को एक ही नज़र में मैंने पहचान लिया। संसार के कल्याण के लिए सदा कर्मरत उस भले मानुस को मैं एकटक देखता रहा और इसलिए उनके रास्ते से हटना भी भूल गया। अनजाने ही उनका पैर मेरे ऊपर पड़ा। मुझे बिल्कुल दर्द नहीं हुआ। दर्द कैसे होता? वे अपने पैर ऐसे रखते थे कि धरती को ज़रा भी चोट न पहुँचे। इस तरह मुझे भी चोट नहीं लगी, पर मैं उस कीचड़ में थोड़ा धँस गया था। अचानक उन्होंने कीचड़ से मुझे उठाया,

उन्हें लगा कि मुझे दर्द हुआ है। इस अपराध–बोध से उन्होंने अपने बायें हाथ में मुझे रखा और दाहिने हाथ से काफ़ी देर तक मेरी पीठ को सहलाते रहे। मैं ज़ोर से कहना चाह रहा था कि मुझे ज़रा भी दर्द नहीं हुआ। पर मेरे पास उनको समझाने के लिए भाषा नहीं थी। उस करुण स्पर्श से मेरी आँखें भर गयीं। फिर उन्होंने मुझे शुद्ध जल में छोड़ा और नदी से पानी पीकर लौट गये। उनकी हथेली की शीतलता आज भी मेरे बदन पर है।'

एक लम्बी साँस लेते हुए वृक्षवासी मेढक ने कहा–

'बड़े खुशक़िस्मत हो तुम। मुझे नहीं लगता कि आज इस धरती पर तुम जैसा कोई भाग्यशाली बचा हो। क्या मुझे भी श्रीबुद्ध का दर्शन मिलेगा? आज भी दुनिया के किसी कोने में वे ज़िन्दा हो सकते हैं?'

चट्टानवासी कुछ कहने ही वाला था कि अचानक कुछ हलचल सुनायी पड़ी, तो वह चुप बैठा रहा।

मनुष्य की आवाज़ें थीं। वृक्षवासी मेढक काफ़ी ख़ुश होने लगा। मेरा भी भाग्य आज खुलने वाला है। उसने झाँककर देखा जहाँ से आवाज़ आ रही थी। वे दो आदमी थे। बुलडोजर के पीछे आ रही कार से निकलकर वे आ रहे थे। मोटे तगड़े दो व्यक्ति जो सफ़ेद पोशाक पहने हुए हैं और बुद्ध की तरह वैभवशाली हैं। पहले व्यक्ति ने कहा–

'यह देखो यहाँ अच्छी सुविधा है। ढेर सारी झाड़ियाँ हैं। जल्दी अपना काम पूरा करें...फिर मेरी बात मत भूलना आप।'

दूसरे आदमी ने बड़ी बेसब्री से अपनी सफ़ेद पोशाक एक–एक करके उन झाड़ियों में फेंकी जहाँ चट्टानवासी मेढक छिपकर बैठा था। वह बोल रहा था–

'अरे बुद्धू... मैंने कहा न, केवल ये पहाड़ी ही नहीं इस प्रदेश की सारी पहाड़ियाँ मैं तुम्हें ख़रीदकर दे दूँगा। मुनाफ़े का आधा हिस्सा मेरे नाम पर, क्यों?'

वृक्षवासी मेढक अपनी आँखें बन्द करके प्रार्थना के साथ ज़मीन पर लेट गया, यह सोचकर कि अब कोई पवित्र स्पर्श उसकी पीठ को छुयेगा। तभी पूरी तरह नग्न होने के बाद दूसरा आदमी एक साथ एक हज़ार सेप्टिक टैंक खोलने की बदबू और शोर के साथ वृक्षवासी मेढक के ऊपर बैठ गया।

प्राणवायु

जब डोर बेल बजी तो अनीशा ने दौड़कर दरवाज़ा खोला। वरुण के ख़ाली हाथ देखकर उसने पूछा–

'एक भी किट नहीं मिली?'

वरुण ने अपना सिर हिला दिया। एक असहनीय भय से उसकी आँखों में आँसू भर आये थे। चुपचाप वह अन्दर चला गया। जूते उतारे बिना ही वह बिस्तर पर लेट गया। अनीशा ने जाकर उसके जूते उतार दिये। वरुण ने आवाज़ को सहज बनाने की कोशिश करते हुए पूछा–

'बच्चे कहाँ हैं?'

'स्टडी रूम में हैं दोनों। परीक्षा के लिए अब बस चार दिन ही रह गये हैं।'

वरुण को लगा अब ख़ाली बैठने से नहीं चलेगा। उसने कहा–

'अनीशा, मैं पूरा शहर घूमता रहा। पर एक भी ऑक्सीजन बूथ नहीं खुला था। कई जगह भीड़ द्वारा बूथों पर तोड़–फोड़ मची हुई है, ऑक्सीजन किट छीनने के लिए। ऑक्सीजन ख़त्म होने से कई लोग सड़कों पर और बूथ के पास गिरे पड़े हैं। दूषित हवा में साँस लेकर कुछ लोग तो अस्थमा मरीजों की तरह तड़प रहे हैं, जैसे ज़मीन पर पड़ी मछली हो...ओह...।'

क्षणभर बाद, उसने कहा–

'अनीशा, डरो मत। सड़कों पर कई लोग ऑक्सीजन की कमी के कारण मरे पड़े हैं और इस फ़्लैट के नीचे भी पड़े हैं दो शव।'

अनीशा की आँखें काफ़ी डरी हुई थीं।

'यह एक कृत्रिम कमी है, अनीशा। लोग कहते हैं कि ऑक्सीजन की कालाबाज़ारी चल रही है। जैसे ही चैनलों पर ऑक्सीजन की कमी

की ख़बरें आने लगीं, लगता है अमीरों ने बहुत कुछ ख़रीदकर स्टॉक कर लिया है। किट की क़ीमत बढ़ाने के लिए कम्पनियाँ भी कृत्रिम कमी पैदा कर सकती हैं। पिछले सप्ताह सरकार द्वारा ऑक्सीजन किट के लिए सब्सिडी हटाने के साथ ही ये सारा बखेड़ा उठ खड़ा हुआ। कल तक राज्य में सात हज़ार लोगों की मौत हुई है।'

'कितने बेकसूर लोग मर रहे हैं...' अनीशा ने चिन्ता जतायी...'क्या सरकार को इन सबके लिए जवाब नहीं देना पड़ेगा? चुनाव भी तो आ रहे हैं?'

वरुण ज़ोर से हँसा—'चुनाव? निर्वाचन...निर्वाचन नहीं इसे 'निष्कासन' कहा जाना चाहिए। हर पाँच साल में सहन करने में असमर्थ होकर लोग सरकार को निष्कासित कर रहे हैं। इसे चुनाव या निर्वाचन कहना ही बेतुका है। ऐसी सरकार क्यों चाहिए जो एक नागरिक को प्राणवायु तक नहीं दे सकती?'

अनीशा वरुण से सटकर बैठी और कहने लगी, 'मुझे बहुत डर लग रहा है वरुण।'

'अनीशा, बच्चों को हमारे किसी भी तनाव का पता नहीं चलना चाहिए। इन सबका असर उनकी पढ़ाई पर नहीं पड़ना चाहिए। चैनलों या अख़बारों को कुछ दिनों के लिए बन्द ही कर दें।'

'कैसी बेवकूफ़ी की बातें कर रहे हो तुम? वे सब जानते हैं। अपने लैपटॉप और मोबाइल द्वारा वे सारी दुनिया देखते हैं। मैंने उनसे अच्छी तरह पढ़ने को कहा है।'

'ओह...यह तो पूछना ही भूल गया...क्या माँ और पिताजी ने खाना खा लिया?'

'हाँ...खा लिया। अब जगाओ मत उन्हें। ज़रा–सी झपकी ले रहे हैं दोनों।'

'सोते वक़्त दोनों की किट का रेगुलेटर मिनिमम कर दिया न?'

'हाँ कर दिया।'

शर्ट उतारते हुए वरुण ने कहा—'कहते हैं हफ़्ते भर में किट मिलने लगेंगे। पर तब तक के लिए आवश्यक ऑक्सीजन भी हमारे पास नहीं है। सोचते ही डर लग रहा है।'

'मेरी शादी वाले बक्से में दो किट हैं। सोचा था ज़रूरत के वक़्त काम आ जायेंगे। इसीलिए मैंने सँभालकर रखे था।'

वरुण की आँखें चमक उठीं 'अच्छा हुआ, तुमने सचमुच अक्लमन्दी का काम किया है। पर कितने दिन इस तरह काटेंगे हम। एक बात तो मैंने तय की है...।'

अनीशा ने पूछा–'क्या...?'

अपने मास्क पर हाथ रखकर वरुण ने कहा–'परसों रात के बाद भोर होने से पहले मैं यह मास्क उतार लूँगा। वही एक रास्ता बचा है।'

अनीशा चिल्लाने लगी...'नहीं, वरुण, तुम नहीं मैं वह काम करूँगी। बच्चों की परवरिश और पढ़ाई के लिए परिवार को तुम्हारी ज़रूरत है।'

वरुण शाम को शहर गया और देर रात ख़ाली बैग लेकर पहुँचा। किट मिलने की उम्मीद अनीशा के पास भी नहीं थी।

खाने पर बैठते वक़्त वरुण ने पूछा–'सबने खाना खाया?'

अनीशा ने कहा–'हाँ, काफ़ी देर भी हो चुकी। अब हम दोनों ही बचे हैं।'

'बच्चे सो गये?'

'हाँ।'

'माँ और पिताजी?'

'वे भी। कई बार पूछते रहे कि वरुण आया कि नहीं।'

खाने के सामने बहुत देर ख़ाली बैठकर वरुण ने कहा–'अनीशा, मैंने काफ़ी सोचा। आज रात यहाँ किसी एक को मरना ही होगा। तो अगले चार–पाँच दिन हम जी सकते हैं।'

'तो?'

'तो।'

मुट्ठी के अन्न को थाली में ही डालकर वरुण ने बिना किसी परिभ्रम के बताया–'यहाँ दो बूढ़े लोग हैं...माँ और पिताजी। उनमें से एक का मास्क तुम निकाल लो अभी।'

अनीशा ने घूरकर देखा...फिर पूछा–'किसका?'

'मैं नहीं जानता, यह फ़ैसला तुम्हीं कर लो।'

❏❏